河南省社会科学院哲学社会科学创新工程试点项目

中原学术文库 · 青年丛书

乡村治理现代化
理论与实践

MODERNIZATION OF RURAL GOVERNANCE
THEORY AND PRACTICE

刘　刚／著

经济管理出版社
ECONOMY & MANAGEMENT PUBLISHING HOUSE

图书在版编目（CIP）数据

乡村治理现代化：理论与实践/刘刚著. —北京：经济管理出版社，（2023.12重印）
ISBN 978 - 7 - 5096 - 5696 - 9

Ⅰ. ①乡…　Ⅱ. ①刘…　Ⅲ. ①农村—群众自治—研究—中国　Ⅳ. ①D638

中国版本图书馆 CIP 数据核字（2020）第 232312 号

组稿编辑：申桂萍
责任编辑：杨国强
责任印制：任爱清
责任校对：陈晓霞

出版发行：经济管理出版社
　　　　　（北京市海淀区北蜂窝 8 号中雅大厦 A 座 11 层　100038）
网　　　址：www. E - mp. com. cn
电　　　话：（010）51915602
印　　　刷：北京厚诚则铭印刷科技有限公司
经　　　销：新华书店
开　　　本：720mm×1000mm/16
印　　　张：10. 5
字　　　数：202 千字
版　　　次：2020 年 10 月第 1 版　　2023 年 12 月第 2 次印刷
书　　　号：ISBN 978 - 7 - 5096 - 5696 - 9
定　　　价：58. 00 元

序

乡村振兴呼唤乡村治理现代化

乡村是具有自然、社会、经济特征的地域综合体，兼具生产、生活、生态、文化等多重功能，与城镇共生共存、互促互进，二者共同构成了人类活动的主要空间。可以说，乡村兴则国家兴，乡村衰则国家衰。党的十九大报告着眼于党和国家事业全局，深刻把握我国现代化建设规律和城乡关系变化特征，顺应亿万农民群众对美好生活的期待和向往，提出了实施乡村振兴战略的重大历史任务。这是对农业农村工作作出的重大决策部署，在我国"三农"事业发展进程中具有里程碑意义，关系着决胜全面小康和社会主义现代化国家建设的全局，关系着我们党"两个一百年"奋斗目标和中华民族伟大复兴"中国梦"的实现。推动乡村全面振兴，是新时代做好"三农"工作的总抓手，也是当前和今后一个时期乡村社会发展的主基调。

乡村振兴，治理有效是基础。乡村的兴衰，很大程度上取决于乡村治理的有效程度。乡村治理是国家治理的重要组成部分，在国家治理全局中占据特殊地位，既是实现国家治理目标的重要手段，又是维护乡村社会秩序的基础。乡村治理是否有效，决定着乡村社会的发展、繁荣和稳定程度，也体现着地方治理和国家治理的效能水平。加强乡村治理体系建设，是巩固党在农村执政基础、实现乡村全面振兴、满足农民群众美好生活需要的必然要求。历史上，我国乡村治理有"皇权不下县"与"乡绅自治"的悠久传统，积累了大量乡村治理的有益经验，不过这些模式基本上依赖于传统的人治或熟人社会。新中国成立后，"政权下乡"背景下乡村治理体制经历了多次变革，历经人民公社、"乡政村治"等若干阶段。不同时期所处的环境、条件和面临的形势、任务不同，导致乡村治理在主体、对象、方式等方面存在很大差异，形成的治理的结构和机制不尽相同。而且，上述模式与现代意义上的治理现代化要求尚有一定差距。改革开放以来，随着市场经济的发展和社会结构的转型，乡村社会急剧变迁，乡村治理格局不断调整。一方面，随着新农村建设和乡村振兴战略的实施，特别是国家政策的深入推进，外来"嵌入"乡村社会的资金、项目、人力等资源大量增加，这给乡村治理带来了动力和活力，也提出了新的更高要求；另一方面，城镇化进程发展迅速，乡村青壮年劳动力和精英人才大量外流，乡镇政府和村支两委等治理权威不断弱化，民间各种经济合作与社会互助组织不断涌现，传统乡村治理模式面临着诸多新问题和新挑战，构建现代乡村治理体制已经成为乡村振兴的当务之急。

进入新时代以来，我们高度重视乡村治理工作，努力夯实乡村振兴的治理根基。2018年2月，中共中央、国务院发布的《关于实施乡村振兴战略的意见》提出，要加强农村基层基础工作，健全自治法治德治相结合的乡村治理体系。《乡村振兴战略规划（2018—2022年）》提出，要推进乡村治理体系和治理能力现代化，完善党委领导、政府负责、社会协同、公众参与、法治保障的社会治理体制，实现政府治理和社会调节、居民自治良性互动。2017年6月，中共中央、国务院发布的《关于加强和完善城乡社区治理的意见》提出，"全面提升城乡社区治理法治化、科学化、精细化水平和组织化程度，促进城乡社会治理体系和治理能力现代化"。2019年6月，中共中央办公厅、国务院办公厅联合印发了《关于加强和改进乡村治理的指导意见》（以下简称《意见》），对加强和改进乡村治理工作再次作出系统部署，明确提出了乡村治理现代化的目标和要求。《意见》指出，到2020年，现代乡村治理的制度框架和政策体系要基本形成；到2035年，党组织领导下的"三治结合"的乡村治理体系更加完善，乡村社会充满活力、和谐有序，乡村治理体系和治理能力基本实现现代化。

乡村治理是国家治理的基石，乡村治理现代化关系到国家治理现代化目标的实现。党的十九届四中全会提出了坚持和完善中国特色社会主义制度、推进国家治理体系和治理能力现代化的宏伟蓝图，再次明确了完善社会治理制度、健全基层治理体系的目标任务。近年来，农业发展取得了突出成就，农村面貌发生了巨大变化，农民生活得到了很大改善。但对照国家治理现代化的目标，乡村治理体系和治理能力方面还存在许多不足。这表现在治理理念缺乏、治理主体缺位、治理方式单一、治理机制僵化等诸多方面，已经成为制约乡村社会经济发展的"瓶颈"，成为影响国家治理水平的突出"短板"。例如，面对脱贫攻坚、污染防治、疫情防控、征地拆迁、人居环境整治等头绪多、时间紧、要求高的治理任务，一些地方乡村治理既存在投入不足的问题，也存在人手不够的问题，更存在方法和制度不适应的问题。特别是面对转型时期乡村社会的种种现实和问题，传统的"压力型体制"和"运动型治理"模式遇到挑战，硬手段不管用、软治理跟不上、新技术不会用。如何适应发展市场经济新形势，激发社会细胞自我调节功能，让乡村社会所有人都是治理对象，所有人都是治理主体，更好地引导乡村社会实现有效治理和善治，成为乡村振兴战略实施中必须高度重视和探索解决的历史性课题。

当前，乡村振兴战略正处于全面铺开的关键时期，乡村社会处于转型变革的特殊阶段。准确把握好乡村治理的工作方向，找出解决乡村治理问题的突破口，迫切需要坚持问题导向和目标导向，推动乡村治理朝着现代化的目标持续迈进。通过树立共建共治共享的新理念、构建多元主体共同参与新格局、完善三治结合的乡村治理新体系、形成硬治理软治理融合互动的乡村治理新方式等方面共同着手，着力完善乡村社会治理体系，不断提升乡村社会有效治理能力，从而为新时代我国乡村全面振兴奠定坚实治理基础。

目　录

第一章 乡村治理现代化的背景和历程

乡村治理是国家治理的微观基础，是乡村振兴的根基所在。在实施乡村振兴战略和推进国家治理现代化的双重战略背景下，分析我国乡村社会治理体系和治理能力现代化的问题，实现广大乡村社会的治理有效、充满活力、和谐有序，既是一个重要理论命题，也是一项重大现实任务。梳理回顾我国历史上乡村治理的优良传统，总结分析当前和今后一个时期乡村社会治理面临的形势要求，明确新时代推进乡村治理现代化的目标任务和路径措施，尤为必要和迫切。

第一节 历程演变

作为一个几千年农耕文化影响的农业大国，乡村治理在我国社会有着悠久的历史传统。在不同的历史时期，由于所处的具体环境和条件不同，乡村治理的理念、主体、内容、目的、手段迥异，乡村治理体制也必然有所差异。[①] 任何一种乡村治理体都有其产生和存续的历史平台，需要相应的经济、文化和社会基础。[②] 从历史演进的角度看，就性质方面而言，我国乡村治理体制历经了解放前

---

① 黄博、朱然：《历史与逻辑视野下我国乡村治理体制的变迁及其创新指向》，《理论导刊》2015 年第 3 期。
② 南刚志：《中国乡村治理模式的创新——从"乡政村治"到"乡村民主自治"》，《中国行政管理》2011 年第 5 期。

的统治型，解放初期至人民公社解体期间的管理型，再到人民公社解体后治理型的转变。

（一）传统封建社会的"乡绅自治"

在封建社会，历朝历代十分重视乡村治理。不过基于治理能力和成本等因素限制，封建社会统治者形成了"皇权不下县"的传统，习惯于在县以下不设置正式的政权机构，乡村社会长期实行"乡绅治村"体制，主要依靠乡村中在威望、财富、能力方面表现卓越的贤达士绅，以此管理基层的税负、治安等事务，因个人品德、功名、财富而跻身精英阶层的乡贤们，实际掌握着乡村治理的话语权。在此基础上，以"绅权"为代表社会自治权力和以"皇权"为代表的国家行政权力共同构成了乡村社会的治理权威来源，以此实现对乡村社会的治理，也即所谓的"双轨政治"①。需要指出的是，乡绅治理乡村社会的权威从本质上说，来源于君授，而非民众委托；以"绅权"为代表的社会自治权力在形式上是独立的，而实质上来源和依附于以"皇权"为代表的国家行政权力。因此，"乡绅治理"体制形式上是乡村自治，而实质上是统治者利益最大化地实现对乡村控制的手段。②

（二）国民党统治时期的"保甲制"

随着晚清帝制的终结，封建社会郡县制的乡村治理体制随之终结。民国及近代以来，各种新的乡村治理思潮竞相出现，各种乡村治理模式也广泛实践探索。当时由于受西方思潮影响，学习西方民主政治，主张推行中央与地方实行分权，地方治权归地方行使，中央对地方只行使指导权、监督权。乡村公共事务治理由本地农民自主决定和处理，不再受制于官吏意志支配，而由本地农民选举人员，组建自治机关或团体，制定自治规章，决议村务，举办乡村事务公共事业等。典型代表有翟城村治和山西村治及梁漱溟乡村建设运动。1928 年，国民政府完成全国形式上的统一后，推行区村（乡）闾邻制，把乡镇（村）作为区下单位，以原有的自然村落为基础，实行自治性治理，5 户为邻，25 户为闾，闾邻在乡镇

---

① 费孝通：《费孝通选集》，天津人民出版社 1988 年版。
② 朱余斌：《建国以来乡村治理体制的演变与发展研究》，上海社会科学院博士学位论文，2017 年。

（村）指导下实行村民自治。为了基层政权建设，国民政府又推行"训政"体制，使乡村治理回归保甲制。其间，乡村治理形态一直在自治与保甲制之间徘徊，两者相互渗透，相互影响。①

（三）新中国成立初期的"政权下乡"

取得全国政权之前，共产党就在部分革命根据地进行过乡村治理的实践探索。新中国成立之初，我们党带领全国人民完成了土地改革和三大改造，极大地解放了社会生产力。在农村经济改革方面，党和政府组织农民开展农业合作化运动，由最初的互助组到后来的初级农业合作社和高级农业合作社，这些都是后来人民公社的雏形。此外，在基层政权建设方面，作为过渡时期的政治安排和基层行政区划的重要组成部分，乡与行政村均成立了人民政府和人民代表大会，作为基层政权机构在农村社会建设中扮演着重要的角色。1954 年《宪法》规定，县以下行政区划分为乡、镇、民族乡，撤销了行政村建制，由乡级政权对自然村实行统一管辖，而村级公共权力由村党支部和上级部门下派的工作组行使，史称"政权下乡"。至此，我国乡村治理迎来了一个新的历史阶段，乡镇作为基层政权机构登上历史舞台。应该说，新中国成立之初百废待兴，鉴于当时面临的形势和背景，党和政府在农村设置的政权机构是符合历史潮流的，并在过渡时期乡村社会管理过程中发挥了明显的作用，保证了农村社会的稳定，促进了农业生产的发展，具有一定的历史进步意义。

（四）人民公社时期的"政社合一"

1958 年，中共中央颁布实施了《关于在农村建立人民公社问题的决议》，自此以后，人民公社制度迅速建立和发展起来。人民公社是一种全能型的体制，它不仅是农村基层的政权机构，还是一种经济组织，负责管理公社内的一切政治、经济和文化事务，"政社合一"是其最显著的特点。人民公社"一大二公"的集体所有制、"一平二调"的资源配置机制、"三级所有、队为基础"经营管理机制集中体现了改革开放前农村管理体制的主要特征。这种制度把广大农民紧紧捆绑在一起，确立了党和国家在乡村社会的绝对权威，维持了农村社会的稳定，巩

---

① 冯留建、王宇凤：《新时代乡村治理现代化的实践逻辑》，《齐鲁学刊》2020 年第 4 期。

固了党的根基和国家的政权。此外，人民公社体制有助于最大限度地汲取乡村资源，支持工业化和城市建设，确保国家战略目际的有序实现。但不可否认的是，人民公社管理体制也导致了生产资料过于集中、平均主义"大锅饭"现象严重、农业生产力水平低下，农民生活水平和消费水平偏低。国家政权力量对乡村化会的介入和控制达到了前所未有的程度，乡村资源被过度抽取，市场在资源配置方面作用的空间被极度压缩，乡村社会中农民被牢牢控制在土地上，并逐渐丧失了从事农业生产经营的积极性，其他社会组织几乎完全丧失了自由活动和存续的空间，乡村社会因此失去了生机与活力，使农村经济长期停滞不前、农民普遍贫困化。1983 年，中央明确了重新建立乡政府、撤销人民公社的任务，之后，人民公社在全国各地陆陆续续被撤销，在中国存在了 20 多年的人民公社体制也被废止。

（五）改革开放以后的"乡政村治"

1978 年党的十一届三中全会以后，国家开始把工作重心放在经济建设上，迈开了改革开放的步伐。由安徽小岗村"包产到户"起步，部分农村地区开始实行家庭联产承包责任制，这一改革直接推动了农村经济基础的变化，进而引发了上层建筑的改变，人民公社体制逐渐解体，农村村民自治的民主实践不断探索，由此形成了"乡政村治"的基本治理格局。随着"社改乡"工作的深入开展，撤销了人民公社，国家在乡镇一级建立基层政府，在乡村保留村党支部的领导地位和作用，建立村民委员会，依法实行自治。乡镇政府可以对村委会的工作给予指导、支持和帮助，但不得干预依法属于村民自治范围内的基层事务，由村民民主选举组成的村民委员会协助乡镇政府开展工作。

"乡政村治"基本上符合农村经济发展客观实际，释放了乡村社会经济发展的活力，适应了基层民主发展的客观需求，在一定程度上推动了乡村社会的进步。改革开放 40 多年来，虽然我国经历了经济社会的剧烈变迁，传统农村工业化和城镇化进程不断加速，但"乡政村治"的乡村治理格局基本保留下来，直到今天依然发挥着重要的作用。"乡政村治"体制的确立，标志着乡村治理体制开始由传统的管理型向现代公共治理型转变。这是我国乡村社会治理的一大进步，意味着国家开始将乡村治理权力回归给农民和乡村社会自身，农民逐渐获得了经济和政治自主权，这也是实现乡村治理现代化的必然路径选择。不过，该模式也有其一定的局限性，如乡村社会内生动力不足、乡村社会整体自治水平不高、村委会运作缺乏必要的监督、村民委员会和村党支部之间的关系如何处理等，这些问题都有待在实践中进一步解决。

（六）新时代以来的"三治结合"

"三治结合"的乡村治理体系源于我国东部沿海省份浙江，最早是由桐乡探索的一种基层社会治理机制经验，2014 年由浙江省政法工作会议推向全省。2017 年 6 月，中共中央、国务院出台了《关于加强和完善城乡社区治理的意见》，强调要注重发挥基层群众性自治组织基础作用，充分发挥自治章程、村规民约在城乡社区治理中的积极作用，促进法治、德治、自治有机融合。至此，桐乡"三治"建设经验真正走向了全国。

党的十九大报告指出："加强农村基层基础工作，健全自治、法治、德治相结合的乡村治理体系。"[①] "自治、法治、德治"三者的顺序设置有了权威的定论。2018 年中央一号文件指出，要健全现代乡村治理体系，建立健全党委领导、政府负责、社会协同、公众参与、法治保障的现代乡村社会治理体制。《乡村振兴战略规划（2018—2022 年)》提出，要促进自治、法治、德治有机结合，健全和创新村党组织领导的充满活力的村民自治机制。在"三治"的内涵和顺序方面，相关的意见和规划也进行了不断完善。例如，提出要坚持自治为基、法治为本、德治为先，以德治滋养法治、涵养自治，让德治贯穿乡村治理全过程等，进一步完善了"三治结合"的治理体系。

村民自治是基层群众自治的一种广泛形式，是乡村振兴的治理基础。乡村法治是乡村治理的基石，能够有效规范乡村治理秩序，捍卫村民切身权益，为乡村振兴保驾护航。乡村德治是通过运用道德的感化和文化的引导作用而实现善治的一种柔性治理方式，能够有效破解乡村发展的道德困境，重塑文明民风、和谐乡风、严格家风，为乡村振兴营造良好氛围。"三治融合"在工作理念上推动实现了社会管理向社会治理转变；在治理主体上推动实现了政府单向管理向政府主导、社会多元主体协商共治转变；在治理手段上推动实现了行政管理为主向行

---

① 习近平：《决胜全面建成小康社会　夺取新时代中国特色社会主义伟大胜利》，人民出版社 2017年版。

政、法律、道德等多种手段综合运用转变；在治理方式上推动实现了事后处置向事前和事中延伸转变，是新时代乡村社会治理格局的重要创新。

第二节　时代背景

乡村治理现代化，是在全面建成小康社会进入决胜期、乡村社会发展进入转型期、农村全面深化改革进入深水区、乡村社会进入矛盾凸显期的背景下提出来的，具有一定的历史必然性和现实针对性。

（一）全面建成小康社会进入决胜期

"小康"是中国社会两千多年来孜孜以求的社会理想。改革开放之初，邓小平同志针对我国尚处于并将长期处于社会主义初级阶段这一基本国情，创造性地提出"小康社会"这一概念，擘画了新时期中国社会的发展蓝图，并把它作为中国共产党带领中国人民走共同富裕道路、实现我国社会现代化的重要阶段性目标。① 40 多年来，经过长期不懈的努力，解决人民温饱问题、人民生活总体上达到小康水平这个目标已基本实现。同时，小康社会建设的内涵标准不断提高。然而，尽管我国社会已经总体实现了小康，但这一小康还是低水平的、不全面的、发展不平衡的小康。2020 年，是全面建成小康社会的决胜之年。进入新时代，特别是站在"两个一百年"奋斗目标的历史交汇期，习近平总书记指出："全面建成小康社会，是我们奋斗目标的第一步，也是关键一步。"② 全面建成小康社会强调的不仅是"小康"，更重要的是"全面"。这个全面既包括覆盖的领域要全面，也强调覆盖的区域要全面，更包括覆盖的人口要全面。全面小康意味着不能只是经济上的小康，而是政治、经济、社会、文化等"五位一体"的全面进步；不能只是城市的小康，而是城乡的共同繁荣；不只是一部分人先富起来，而是全体人民的共同富裕。虽然我们在经济总量和发展速度上初步完成了小康目

---

① 辛鸣：《全面建成小康社会的历史方位》，《中国党政干部论坛》2020 年第 2 期。
② 《习近平关于全面建成小康社会论述摘编》，中央文献出版社 2016 年版。

标，但我国发展不平衡、不协调、不可持续问题仍然没有彻底解决，人民日益增长的美好生活需要和不平衡不充分的发展之间的矛盾仍然是新时代我国社会的主要矛盾所在。特别是在"三农"领域，农业发展方式粗放、农村公共服务水平偏低、农民增收仍然存在较大困境、城乡发展不均衡的问题依然存在。这些深层次问题，导致农业还是现代化建设的"短腿"，农村还是全面建成小康社会的短板。

"小康不小康，关键看老乡。"农业强不强、农民富不富，关乎着亿万农民的获得感和幸福感，关乎全面建成小康社会的成色和全局。全面建成小康社会，最艰巨、最繁重的任务在农村，最广泛、最深厚的基础在农村，最大的潜力和后劲也在农村。解决好"三农"问题是全面建成小康社会决胜阶段的重要任务。反过来讲，如果广大农村发展不起来、亿万农民富不起来，全面建成小康社会的奋斗目标就会落空。[①] 全面建设惠及十几亿人口的更高水平的小康社会，开启建设社会主义现代化强国新征程，必须加快补齐农业农村农民这个突出的"短板"，通过促进城乡资源要素双向流动、让农民获得更多财产性收入、提高农村公共服务共建共享水平等，让亿万农民群众有更好的教育、更可靠的社会保障、更高水平的医疗卫生服务、更舒适的居住条件、更优美的环境，不断满足农村群众日益增长的物质文化需求。而这一切都要靠加强和改进乡村治理、不断提高乡村治理的现代化水平才能得以实现。

（二）城乡融合发展迈向新阶段

在我国经济持续较快发展，特别是工业化、城镇化快速推进的背景下，我国已经迈向城乡融合发展的新阶段，进入工业反哺农业、城市支哺农村的新时期。与此同时，我国促进城乡融合发展的体制机制还不健全，存在一些明显的问题和"短板"。例如，城乡人口、资金、土地等要素流动仍存在不少障碍，城乡、工农之间的要素不平等交换仍然存在；城乡教育、文化、医疗等公共资源配置仍旧十分不平衡，农村基础设施薄弱、基本公共服务短缺等问题依然较为突出；现代农业产业体系、市场体系仍然不健全，农民收入稳定增长机制还不完善等。因此可以说，城乡发展不平衡、农村发展不充分是我国发展不平衡、不充分的最深刻

---

① 高尚全：《全面建成小康社会需补齐农村短板》，《人民日报》2015 年 11 月 9 日。

体现。

解决中国社会发展的不平衡、不充分问题，很大程度上要依靠城乡融合发展，特别是乡村社会的全面振兴。这是关系到我国能否从根本上解决城乡差别、整体发展是否均衡可持续的重大问题，也是畅通国民经济内循环的关键所在。当前，我国城乡产业发展水平差异很大，城市以制造业和服务业为主，乡村还是以传统农业为主，城乡"二元结构"特征仍然比较明显。未来农村经济发展以现代农业为基础，以农村一二三产业融合发展、乡村文化旅游等新业态为补充。"实现乡村经济多元化和农业全产业链发展，需要用城市的科技改造乡村的传统农业，利用城市的工业延长乡村的农业产业链条，利用城市的互联网等服务业来丰富农村的产业业态。"[①] 推动乡村振兴，是着力解决好发展不平衡、不充分问题的战略选择，有利于重塑城乡关系，促进城乡融合发展，着力补齐农业农村发展"短板"，加快实现农业农村现代化。

构建现代乡村治理体制，推动城乡融合发展体制，是实现乡村振兴和农业农村现代化的重要制度保障。中共中央、国务院《关于建立健全城乡融合发展体制机制和政策体系的意见》指出：要树立城乡"一盘棋"理念，突出以工促农、以城带乡，构建促进城乡规划布局、要素配置、产业发展、基础设施、公共服务、生态保护等相互融合和协同发展的体制机制。[②] 只有强化制度性供给，持续加大强农惠农政策支持力度，逐步健全城乡融合发展体制机制，坚决破除妨碍各类要素在城乡间自由流动和平等交换的壁垒，促进各类要素更多向农村流动，才能在乡村社会形成土地、人才、资金、信息、产业汇聚的良性循环，从而补齐农业农村发展的"短板"，为乡村全面振兴注入新动能。

（三）乡村社会发展进入加快转型期

当代中国社会正经历着从传统社会向现代社会、从农业社会向工业社会、从封闭性社会向开放性社会的深刻转型。经过改革开放40多年的发展变迁，农村经济发展条件发生了巨大变化，农村地区社会关系发生巨大转变，农村社会进入

<hr>

① 刘坤：《我国城乡融合发展进入新阶段》，《光明日报》2019年5月30日。
② 《中共中央　国务院关于建立健全城乡融合发展体制机制和政策体系的意见》，《农村工作通讯》2019年第10期。

加快转型期。农村经济社会的转型和变迁，一方面给乡村治理能力提升提供了新的机遇，另一方面给乡村治理体系和治理能力提出了深刻挑战。

转型期农村经济发展条件发生了巨大变化。随着市场经济的发展，农民收入渠道呈现多元化特征，来自农业尤其是种植业的收入在农村收入中的比重持续下降，已经不是大多数农村地区和农民家庭的主要收入来源，以人才和资金为主的发展要素流动对农村地区发展影响日益凸显，经济发展对乡村资源环境的影响日益凸显。随着农村产权制度的深化改革，农村土地关系发生重大调整，家庭联产责任制日益巩固，土地流转日益普遍，农民土地权益保障日益完善，土地收益方式日益多样化。随着城乡居民社会保障体系的日益完善，农村居民开始逐步享受到与城镇居民相同的医疗保障待遇，养老待遇也在逐步提升。城镇基础设施和公共服务逐步向乡村地区延伸，城乡居民用电价格执行统一标准，城乡道路一体化规划建设，垃圾处理和污水处理逐步延伸，公共自来水、天然气和暖气管网在部分乡村地区得以实现，免费义务教育全面普及，公共文化、卫生和体育服务逐步向农村地区全面覆盖。

转型期农村社会关系也发生了巨大转变。人际关系日益复杂化，以血缘和邻里关系为主要纽带展开，业缘关系作用日益突出，交往网络日益复杂、交往范围日益广泛、交往地域日益广阔，呈现出开放化、流动性趋势，但也存在物质化、表面化趋向。代际关系日益疏离化，农村家庭组成越来越小型化、简单化，父母对成年子女经济、人际关系和道德观念的影响作用越来越小，成年子女对父母关注越来越少，代际关系约束力越来越弱。集体关系日益多样化，以农业经营，尤其是种植为主的集体经济多数已经不复存在，以土地之外的非农经营为主的集体经济薄弱，土地成为部分地区集体经济的主要收入来源，新型农业合作组织开始发展。行政服务、公共服务在农村行政中比重越来越大，村民政治意识、权利意识和民主意识日益增强。

转型期乡村治理能力提升面临新机遇、新任务。转型期农村经济社会发生的深刻变化，使乡村治理能力提升面临新的发展机遇和历史使命。时代机遇上看，一方面，在党和国家以及各级地方政府的支持下，能够获取更加良好的外部支持，完善提升乡村治理能力的制度体系，推动乡村优化产业、强化基础设施、完善公共服务、更好地保护生态环境；另一方面，随着乡村经济社会的进一步发展，农村居民对美好生活的向往更加迫切，农村地区和农村居民经济意识、民主意识、权利意识进一步增强，有助于激发提升乡村治理能力和建设家乡的内在动力。此外，各类发展要素回归、回流乡村的趋势日益显现，对于进一步改善乡村治理环境和发展条件，具有明显的推动作用。从时代要求看，与城镇地区相比，乡村地区仍然存在基础设施相对不完善、公共服务相对不健全、基层组织相对不牢固、基层民主相对不广泛的突出问题。人际关系、代际关系、干群关系、村际关系亟待通过更加完善的制度和机制予以调和及调整，乡村地区政治、经济、社会、文化、生态和党的建设亟待进一步统筹推进，这些都依赖于乡村治理体系的完善和治理能力的提升作为保障。

（四）农村全面深化改革迈向深水区

随着全面深化改革的推进，农村改革逐步进入攻坚期和深水区，面临各方利益的重大调整。破解当前农村农业和农民发展中亟待解决的深层次问题，对乡村治理能力提升提出了更高的要求。

农村改革面临新形势新变化新问题。经过 40 年改革以来的发展，农村体制改革和经济发展取得重大突破，确立了双层经营体制，建立了农产品要素市场体系，终结了两千多年的农业税，逐步构建完善了强农惠农政策体系，正努力构建城乡融合发展的制度框架，农业综合生产能力显著提高，农村经济总体走向繁荣，农村公共事业加快发展，党的建设不断加强，村民自治机制逐步建立和完善。与此同时，随着"三农"领域一些新变化的出现，众多新问题也不断出现。农业粗放经营、"污染下乡"及农村环保基础设施薄弱和管理缺位形成的农村生态环境保护困境，集体经济乏力、农业专业合作组织缺位导致农业农村发展后劲不足，农业劳动力流失导致大量地区的农业成为留守产业，农村精神文明建设不足导致各种攀比、浪费、赌博等不文明甚至犯法行为走向泛滥，基层组织建设软弱涣散导致一些地区黑恶势力横行、家族势力专断等，都对乡村治理的有效性提出了深刻挑战。

农村改革呈现出敏感性复杂性特征。随着改革发展进入深水区、攻坚期，农村改革敏感性、复杂性特征日趋明显。一是经过几十年的改革，农村改革的空白点不多了，边界大为扩展，亟待破除的制度性障碍日益增多，涉及的利益关系更趋复杂。二是农村改革的视野已不能局限于农村一域，而着眼于国家治理现代化大局，推进城乡融合和"四化同步"，目标渐趋多元，视野更加宏观。三是全面深化改革最后碰到的都是比较难啃的"硬骨头",不仅形成共识作出决策需要较长时间,在改革策略的选择上更需要反复斟酌权衡,防止发生颠覆性的错误,这进一步增加了推进改革的难度。四是各地发展条件差别很大,改革力度、发展速度和社会承受程度不同,工作思路、思想观念等人为条件差异明显,很多重大改革没有现成经验。

深化农村改革对提升乡村治理能力提出了新要求。习近平总书记指出,农村地域辽阔,农民居住分散,乡情千差万别。解决农业农村发展面临的各种矛盾和问题,根本靠深化改革。为此,一是要坚持处理好农民和土地关系的改革主线,坚持和完善农村基本经营制度,坚持农村土地集体所有基本制度,坚持家庭经营基础性地位,坚持稳定现有土地承包关系。二是要以保障和改善民生为优先方向,坚持问题导向,树立系统治理、依法治理、综合治理、源头治理、技术治理等新理念,加强和创新乡村社会治理。三是深化农业供给侧结构性改革,加快构建现代农业产业体系、生产体系和市场体系,加快完善乡村地区各类基础设施,加快形成农村社会事业发展合力。

全面深化农村改革的这些新要求,迫切需要加快乡村治理体制机制创新,切实发挥基层党组织战斗堡垒作用,充分激发农村农民的内生发展动力,尽快提升乡村地区依法治理、有效治理能力,统筹推进乡村经济、政治、文化、社会和生态建设,构建农业基础稳固、农村和谐稳定、农民安居乐业的"三农"发展格局。

(五) 乡村社会进入矛盾凸显期

社会转型期也是矛盾凸显期。转型既是结构转换、机制转轨,也必然涉及利益调整和观念转变。在现代社会转型时期,人们的行为方式、生活方式、价值观念都会随着经济社会结构的变迁而发生复杂深刻的变化。乡村地区作为我国社会的基层单元,随着乡村经济社会结构变迁和农民个人权利意识的增强,乡村社会矛盾以纠纷形式多样化、诉求复杂化、利益纷争去道德化和主体、维权手段多元化、复杂化、组织化为特征,复杂、多样且在一定地区和条件下集中发生,集体资产管理纠纷、征地拆迁纠纷、"外嫁女"分红权纠纷、选举权纠纷、福利分配纠纷、承包地和宅基地纠纷等大量涌现,将合理诉求与不合理诉求交织的违规上访、反复缠访、违法闹访也多有发生。此外,互联网、移动通信工具的普及,微博、微信、短视频等新媒体工具的应用，也很容易放大乡村社会矛盾，给乡村社会秩序的稳定带来不利影响。

化解乡村社会矛盾亟待提升乡村治理能力。乡村社会矛盾进入凸显期，根本原因在于乡村发展不足、社会结构出现较大变化、各种利益关系的较大调整，亟待提升乡村治理能力，增强化解乡村社会矛盾能力。为此，需要加快体制机制创新，加强农村治理体系建设，积极培育经济、社会组织，广泛应用网络等新技术手段，进一步理顺"政府—市场—社会"关系，夯实基层组织战斗堡垒作用，拓展乡村居民参与乡村治理渠道，提升乡村治理现代化水平。这样既真正把农民实现自我发展和美好生活的愿望落在实处，充分激发乡村自我发展潜能和活力，解决各类社会矛盾根源；又有利于健全权益保障和矛盾纠纷调处机制，完善自主化解和法治保障机制，防范和化解各类社会矛盾，减少社会管理和运行成本。

推进乡村治理转型，要求乡村治理的理念必须适应经济社会发展的新常态和农民群众的新期待，来一次比较大的变革。"一是要由过去的单一主体行政管理向多元主体协同治理转变，促进党的领导、政府管理、社会组织调节和村民自治相互结合。二是要由依靠传统的人治方式和行政强制手段向坚持依法治理和授权治理转变，运用市场手段和法治方式调节经济运行、解决社会问题。三是要由强调社会管理向强调公共服务转变，寓管理于服务之中，转变公共服务提供方式。"① 通过多主体、多元力量参与，推动形成党、政府、社会、人民对社会治理各司其职、各负其责、不缺位、不越位、合力共谋的格局，形成政府专门机关和社会群众治理力量结合的乡村社会治理体系。

第三节　重大意义

作为一个传统的农业大国，在今后相当长的历史时期内，我国仍将有相当比重的人口居住、生活在乡村，乡村社会的繁荣稳定与否，事关现代化建设事业的全局。可以说，乡村治理现代化是国家治理现代化的基石，是深入实施乡村振兴

---

① 刘刚：《政府治理创新的主要内涵和基本路径》，《中共天津市委党校学报》2016 年第 9 期。

战略、推进农业农村现代化的迫切需要，也是维护农村社会和谐稳定和夯实党在农村执政基础的必然要求，对于实现"两个一百年"奋斗目标，具有重大现实意义和深远历史意义。

（一）国家治理现代化的基层基础

党的十八届三中全会通过的《关于全面深化改革若干重大问题的决定》，明确提出了推进和实现国家治理体系和治理能力现代化的目标。[1] 乡村治理是国家治理的有机组成部分。有效的乡村治理是社会稳定的基石，对于实现国家治理现代化来说具有基础性意义。[2] 从治理现代化的视角看，乡村治理具有双重性。"它既是国家治理的基础，表现为国家治理体系的一部分，又是乡村自治能力的运用，表现为农村公共事务的自我管理。"[3] 近年来，农村基层社会变化很大，农村人口大量外出务工定居，农村经济形态日益多元。但必须承认的是，乡村社会治理体系仍然是国家治理体系中较为薄弱的环节，农村基层组织和社会缺少内生活力，乡村产业和经济可持续发展能力相对较弱。我国乡村治理体系还不健全，治理能力和水平还不高，治理理念、方式和手段上还存在许多不相适应的地方，需要破解的难题较多。如何改革完善乡村组织结构，提升基层乡村治理制度体系的现代化水平，如何运用法治思维方式和现代技术手段，提高乡村社会治理有效能力，从而以乡村治理的现代化为国家治理夯实基层基础，是一个亟待解决的重要问题。

没有乡村治理的现代化就没有国家治理体系与治理能力的现代化。乡村治理体系建设是国家治理体系和治理能力现代化的基础。过去，我们抓经济发展尤其是农业发展的经验较多，但对生态环境、文化传承、社会治理等关注不够。实现乡村"五个振兴"宏伟蓝图，统筹推进农村经济建设、文化建设、社会建设、生态文明建设和党的建设，促进农业全面升级、农村全面进步、农民全面发展，必须以乡村治理能力的提升为基础。新时代，不断健全乡村治理体系，提升乡村治理能力，确保广大农民安居乐业、农村社会安定有序，有利于打造共建共治共

① 《中共中央关于全面深化改革若干重大问题的决定》，人民出版社 2013 年版。
② 朱余斌：《建国以来乡村治理体制的演变与发展研究》，上海社会科学院博士学位论文，2017 年。
③ 吕德文：《乡村治理 70 年：国家治理现代化的视角》，《南京农业大学学报》（社会科学版）2019年第 4 期。

享的乡村社会治理格局，推进国家治理体系和治理能力现代化目标的实现。

（二）农业农村现代化的客观要求

农业农村农民问题是关系国计民生的根本性问题。没有农业农村的现代化，就没有整个国家的现代化。农业是国民经济的基础，农村经济是现代化经济体系的重要组成部分。"三农"问题作为全党工作的重中之重，加强农村基层基础工作，健全乡村治理体系，是解决好"三农"问题的必然要求。乡村振兴，产业兴旺是重点。只有乡村产业振兴，农业经济全面升级才有潜力空间，农村社会全面进步才有动力活力，农民全面发展才有支撑保障。产业兴旺对乡村经济治理提出新要求。当前，我国面临农业大而不强、多而不优、竞争力弱等矛盾问题。实施乡村振兴战略，深化农业供给侧结构性改革，构建现代农业产业体系，实现农村一二三产业融合发展，有利于推动农业从增产导向转向提质导向，增强农业的创新力和竞争力，从而为建设现代化经济体系奠定基础。

乡村治理是农业农村现代化的关键所在。党的十七大提出了走中国特色的农业现代化道路。一家一户的生产已经不适合社会化大生产的现代化需要，如何把一家一户农民组织起来进行社会化大生产，通过改革创新乡村治理制度是关键所在。完善乡村经济治理机制，可以为促进农业发展提供条件和保障。推动乡村产业振兴，发展现代农业，加快推动农业规模化生产、标准化管理、特色化种植、产业化经营，必须创新乡村产业治理机制，通过理顺农村治理主体关系、改革农村集体产权制度、完善农村集体经济组织治理结构，构建小农户与现代产业发展有机衔接的利益联结机制，从而推动农业生产方式、组织方式、管理方式转变，开辟乡村产业振兴、农业高质量发展新格局。

（三）新时代乡村振兴战略的内在要求

乡村振兴战略是新时代做好"三农"工作的总抓手。乡村振兴，治理有效是重要基础，需要加大乡村治理力度。"产业兴旺、生态宜居、乡风文明、治理有效、生活富裕"是新时代实施乡村振兴战略的 20 字总要求。① 其中，乡村治

---

① 中共中央、国务院印发《乡村振兴战略规划（2018—2022 年）》，《农村工作通讯》2018 年第 9 期。

理关系到乡村振兴战略的实施，没有乡村的有效治理，就没有乡村的全面振兴。社会发展变迁和利益格局的调整，为实现乡村社会治理提供了新的可能或条件。改革开放后，城市化进程的加快吸引了大批农民工，这其中当然包括大量的乡村精英。乡村经济、致富能手、政治精英的大量流出，造成乡村治理人才缺乏，总体上加剧了乡村社会治理能力的弱化，成为制约乡村社会经济发展"瓶颈"。当前，城镇化以及城乡一体化进程发展迅速，传统的乡村治理模式正面临着诸多新形势、新问题和新挑战，改善和创新治理模式已经成为乡村社会治理的当务之急。如何在治理理念、治理主体、治理方式、治理机制等方面深入转型，不断加强农村基层基础工作，着力构建现代乡村治理新格局，从而为新时代乡村全面振兴奠定坚实基础，是乡村振兴战略有效实施必须解决的重要任务。

组织振兴是乡村振兴的坚强保障。"产业振兴、人才振兴、文化振兴、生态振兴和组织振兴"五大方面，作为乡村振兴不可分割的有机整体，其中，组织振兴是实现乡村振兴的基本保证。当前，随着乡村人口数量持续减少，许多农村出现村庄空心化、农民老龄化现象，农村"三留守"问题突出；一些地方农村基层党组织软弱涣散，农村基层民主管理制度不健全；一些地方违法犯罪活动仍然不少，黑恶势力活动时有发生；一些地方不良风气盛行，天价彩礼让人"娶不起"，名目繁多的人情礼金让人"还不起"等，都阻碍了乡村振兴战略的深入实施，侵蚀了农民群众的获得感、幸福感、安全感。组织振兴，首先是农村基层党组织的全面振兴，其次是乡村各类组织的全面振兴，包含着农村群众性自治组织、合作经济组织、社会组织等各类组织。实现乡村振兴，要有一个强有力的农村基层党组织作为核心，统领乡村各类组织全面发展，激活乡村各类组织的功能，把广大党员干部群众的智慧和力量凝聚起来，从而为乡村全面振兴提供组织保障。

（四）维护农村社会和谐稳定的迫切需要

治国安邦重在基层。基础不牢，地动山摇。农村社会和谐稳定是国家大局稳定的重要保障。社会治理的基础在基层，薄弱环节在乡村。加强农村基层基础工作，健全乡村治理体系，确保广大农民安居乐业、农村社会安定有序，有利于构建共建共治共享的社会治理格局，确保农村社会大局的和谐稳定。当前，随着农村社会的急剧转型，长期积累的深层次矛盾和问题不断显现，农民群众对土地征收、拆迁安置、扶贫低保、养老医疗等的关注度越来越高，不满意的地方较多。当前世界面临百年未有之大变局，世界格局不确定性不稳定性因素日益增多。迫切需要稳住"三农"这块"压舱石"，巩固粮食安全"基本盘"，从而为做好全局工作持续赢得主动。加快推进乡村治理体系和治理能力现代化，是维护农村社会稳定的重要保障，有利于农村社会和谐有序、充满活力。

维护农村社会稳定，必须立足大局、着眼根本，持续整治侵害农民利益的行为，及时妥善处理农民群众合理诉求，持续减少不和谐、不稳定的因素。近年来，各地党委政府通过推进反腐倡廉和基层"拍蝇"、总结推广新时代"枫桥经验"、深入推进扫黑除恶专项斗争、推行领导干部定期下基层接访、开展"一村一法律顾问"等形式，持续严厉打击非法侵占农村集体资产、贪污挪用扶贫惠农资金和侵犯农民合法权利的违法犯罪行为，不断畅通农民利益诉求表达渠道，努力维护农民群众的合法权益；还有一些地方通过建立防范和整治"村霸"长效机制，深入推进平安乡村建设，推行网格化管理和服务，排查整治农村各类安全隐患，做到了小事不出村、大事不出乡、矛盾不上交。但是，如何全面防范和化解农村不稳定因素，妥善化解基层矛盾纠纷，持续提高农村居民的安全感、获得感和幸福感？这些从根本上要依靠加强党对乡村治理的全面领导、健全"三治结合"的乡村治理体系才能得以实现。

（五）夯实党在农村执政基础的时代要求

是否有稳固的执政基础、能否得到人民群众的拥护和支持，是执政党能否长期执政的决定性因素。"基层党组织是党执政大厦的地基，地基固则大厦坚，地基松则大厦倾。"[①] "只有基层党组织坚强有力，党员发挥应有作用，党的根基才能牢固，党才能有战斗力。"[②] 2019 年党内统计公报指出，中国共产党现有基层组织 461 万个，其中"农村基层党组织近 128 万个，农村党员 3500 万名"[③]，农村基层党组织在党的组织体系建设和基层治理体系中的地位和作用可以说至关重要、无法替代，不但关系着党的执政根基，而且关系着党的阶级基础和群众基础

---

① 习近平：《在全国组织工作会议上的讲话》，《党建研究》2018 年第 9 期。
② 《十八大以来重要文献选编》（下），中央文献出版社 2018 年版。
③ 本报评论员：《新时代党的农村基层组织工作的基本遵循》，《人民日报》2019 年 1 月 11 日。

的稳定。应当看到，新时代党在农村的执政基础是稳固的、扎实的。同时也要认识到，市场经济条件下，农业生产方式和组织形式发生了深刻变革，农民群众的行为规范和价值观念发生巨大变化，党在农村的执政基础也面临着新的考验。尤其是不少农村党员年龄较大、带头人队伍难选、外出务工流动党员难管等问题的存在，导致基层党组织战斗堡垒作用和先锋模范作用发挥不充分。个别地方基层组织软弱涣散，集体经济较为薄弱，如何加强党对农村的全面领导，巩固党在农村执政的组织基础，增强亿万农民群众对党执政的认同感，是基层党建面临的一项重大挑战。

农村基层党组织是实施乡村振兴战略的"主心骨"。有人说，"基层党组织软弱涣散，乡村振兴将步履维艰；基层党组织坚强有力，乡村振兴会蹄疾步稳。"[1] 新时代加强党对农村工作的全面领导，巩固党在农村的执政基础，必须着力构建农村基层党建引领乡村治理的新体系，不断提升乡村治理能力的现代化水平。通过创新基层组织设置和活动方式、选好配强村党支部书记"领头羊"，培养造就一支过硬的"三农"工作队伍，不断增强党在农村的政治领导力、思想引领力、群众组织力和社会号召力，从而把党员组织起来，把人才凝聚起来，把群众动员起来，为实现乡村振兴的宏伟目标团结奋斗。

① 潘俊强等：《基层党组织　这样强起来》，《人民日报》2018 年 5 月 29 日。

第二章　乡村治理现代化的内涵和要求

乡村治理是国家治理的基础环节和重点领域。从国家治理现代化的角度而言，乡村治理现代化也包括乡村治理体系的现代化和治理能力现代化两个方面。从过去的管理到现在的治理，从国家治理到乡村治理，体现了新时代我国国家治理从理念到方式的深刻变化，对于国家与农村、农民的关系也是一场深刻的历史性变革。

第一节　基本内涵

（一）治理

"治理"（Governance）一词最早来自亚里士多德的《政治学》。治理理论兴起于近代西方，它强调政府部门与其他非政府组织的互动与合作，从而增加对公共产品的供给，促进公共事务管理的协同和高效。从概念上讲，目前较为认可的是全球治理委员会的界定："治理是各种公共的或私人的个人和机构管理其共同事务的诸多方式的总和。它是使相互冲突的或不同的利益得以调和并且采取联合行动的持续的过程"①。这其中既包括正式制度和规则，也包括一些非正式的制度安排。其基本要义在于承认国家与市场、社会的相对分离，强调多元治理主体

---

① 俞可平：《治理和善治引论》，《马克思主义与现实》1999 年第 5 期。

通过互动、协商建立合作伙伴关系，共同管理社会公共事务，以此实现社会"善治"的目标。① 治理与统治有很大的区别。二者在权威的来源、基础和性质方面有很大的不同，在权力运行的向度、范围和边界等方面也有很大的区别。之所以提出治理理念，主张用治理替代过去的统治和管理，原因在于西方学者在社会资源的配置过程中，既看到了市场的失灵，也关注到了政府的失效。

（二）国家治理

国家治理是指一国范围内的所有治理，它既包括经济、政治、文化、社会、生态文明、国防军队和党的建设等各个领域的治理，也包括政府治理、政党治理、市场治理、公司治理、社会治理、生态治理、城市治理、乡村治理、社区治理、第三方治理、源头治理等各个方面的治理。国外学者关于"国家治理"的研究，更多地侧重于强调发挥市场和社会的作用，进而在一定程度上制衡政府的权力，而我国在治理的研究和推广方面，更多地强调（治理）主体的多元化，主张要充分发挥国家、社会组织以及社会个人的共同作用。"国家治理现代化"的概念更是我国首次提出。从新中国成立之初我们提出工业、农业、国防、科技的现代化这"四个现代化"，到党的十八届三中全会聚焦国家治理体系和治理能力现代，反映了我们党对于现代化建设规律认识的不断深化，是从器物层面的现代化到制度层面的现代化的进一步延伸，以至于有学者将国家治理现代化作为我国的"第五个现代化"。科学合理的国家治理体制是国家治理体系的有机组成部分，是实现国家治理现代化的必备条件。"如果没有制度层面的现代化，器物层面的现代化也很难向前推进。"② 现在我们需要进行的是制度和体制层面的现代化。国家治理的现代化，实质上就是制度的现代化。

（三）社会治理

社会治理是指在一定的价值理念和规章制度下，政府、社会组织、企业和公众共同参与规范社会行为、协调社会关系、解决社会问题的活动的总和。社会治理是国家治理的有机组成部分，社会治理现代化是国家治理现代化的重要基础环

① 俞可平：《全球治理引论》，《马克思主义与现实》2002 年第 1 期。
② 俞可平：《国家治理现代化的若干问题》（上），《福建日报》2014 年 6 月 8 日。

节。良好的社会治理，既需要政府管理和引导，也需要社会组织和全体公民的协同和参与。改革开放以来，我国政府管理体制从管制性向服务性逐步转变，"多元化治理发展趋势明显，从集权到分权特征显著"①。党的十六届六中全会作出《关于构建社会主义和谐社会若干重大问题的决定》，其中明确提出了加强和改进社会建设和社会管理的历史任务，将现代化建设目标拓展为经济、政治、文化和社会建设的"四位一体"②，首次提出了建设社会文明、构建和谐社会的目标。进入新时代以来，党中央高度重视社会治理问题，提出了一系列创新性的理念。新时代加强社会治理工作，必须创新社会治理体制机制，打造共建共治共享的社会治理格局，不断完善党委领导、政府负责、社会协同、公众参与、法治保障的社会治理体制，不断提高社会治理的社会化、法治化、智能化、专业化水平。③

（四）乡村治理

乡村治理是社会治理的组成部分，是治理理念融入乡村社会的直接体现。徐勇认为："乡村治理是指人们通过公共权力运作于乡村社会的系统过程和产生的绩效。"④ 换句话说，"乡村治理是各治理主体对村中大小事务和冲突进行处理解决，最终实现乡村社会和谐稳定"。⑤ 也即多元性主体在协调合作方式的基础上，解决乡村社会的利益冲突以达到良好和谐的状态的过程。贺雪峰认为："乡村治理是中国的乡村通过优化自主管理的方式，实现乡村社会的有序发展。"⑥ 党国英认为："乡村治理是乡村政府及其他乡村权威机构给乡村社会提供公共产品的活动。"⑦ 乡村治理的过程，本质上是乡村公共利益增加的过程。

实现乡村有效治理是乡村振兴的重要内容，也是基本要求。乡村治理能否现代化，不仅关系着乡村振兴战略与农业农村现代化的成败，也体现了国家治理体

---

① 俞可平：《中国治理变迁 30 年》，社会科学文献出版社 2008 年版。
② 周红云：《社会管理创新》，中央编译出版社 2013 年版。
③ 中共中央宣传部：《习近平新时代中国特色社会主义思想三十讲》，学习出版社 2018 年版。
④ 徐勇：《GOVERNANCE：治理的阐释》，《政治学研究》1997 年第 1 期。
⑤ 徐勇：《挣脱土地束缚之后的乡村困境及应对》，《华中师范大学学报》（人文社会科学版）2000 年第 2 期。
⑥ 贺雪峰：《乡村治理研究与村庄治理研究》，《地方财政研究》2007 年第 3 期。
⑦ 党国英：《我国乡村治理改革回顾与展望》，《社会科学战线》2008 年第 12 期。

系和治理能力现代化水平的高低。① 乡村治理有效是乡村振兴的前提条件，没有有效的治理，就无法实现实现乡村的全面振兴。从内容上说，乡村治理的核心是村级治理，村级党政组织、经济组织、社会组织及村民等各类主体，通过民主和协商等多元方式自主治理，着重发展村庄集体经济，提高村民生活水平，改善村庄生态环境，为村民提供更有效的公共产品和公共服务，实现乡村社会的健康有序发展。乡村治理过程中需要充分体现民主，广泛吸纳社会各方意见，逐步实现乡村的自治和法治、德治相结合，推动乡村治理迈进现代化。②

（五）乡村治理现代化

乡村治理现代化是国家治理现代化在乡村社会的延伸和体现。相对于传统乡村治理相对单一和陈旧的手段而言，乡村治理现代化意味着乡村党政机构、农村经济主体及村民个体等多元主体，运用制度化、科学化的方式在程序框架内良性互动，共同对乡村经济、政治、文化、教育、社会生活等全方位的具体事务进行系统治理，以此实现乡村社会公共利益最大化的过程。乡村治理现代化具有如下特征：一是治理主体由"一元"向"多元"转变。多元主体共建共治是乡村治理的发展趋势。二是治理目标由管制向服务转变。提供更多更符合村民需求的公共服务，是乡镇党委政府和村级治理主体的职责所在。三是乡村治理的过程由权威和人治为主向民主和协商为主转变。村民自治为乡村治理提供了机制和平台，有利于村民权利意识的觉醒和乡村民主政治的发展。

推进乡村治理现代化，符合治理体系现代化和能力现代化的价值方向，也是国家治理现代化的趋势和要求。乡村治理现代化包括两个方面。一是完善乡村治理体系。主要是通过加强党对各个乡村治理主体的全面领导，建立完善乡村公共产品和服务提供机制、群众利益表达诉求回应机制、乡村政务公开和民主监督机制等一系列制度机制，推动自治法治德治"三治融合"，建立多元、民主、公开、公正的现代乡村治理体系。二是提升乡村治理能力。通过培养乡村干部领导事业发展和村务治理的能力，优化乡村社会"五位一体"的治理结构，促进乡

① 陈文胜：《农民主体地位与乡村治理现代化》，《湖北民族大学学报》（哲学社会科学版）2020 年第 1 期。
② 钟诚：《新时代乡村治理体系建设研究》，长春理工大学硕士学位论文，2019 年。

村社会的全面、协调发展。

第二节　理论依据

（一）马克思的社会治理思想

马克思很早就对社会治理的重要性作出论述，他把社会治理职能作为不同社会形态都存在的必需职能，认为社会治理和基层治理有着双向互促的内在联系。恩格斯认为："一切政治权利起先总以某种经济的、社会的职能为基础的。"[①] 社会治理能够为国家发展保驾护航，社会治理的功能和价值也会越发重要。马克思、恩格斯对社会治理的理解和认识，可以概括为以下几个方面。

一是在城乡关系理论方面。马克思认为，城乡二元对立会随着生产力的发展，逐步被城乡一体所取代，城镇化过程中产生的乡村系列问题也会有所好转。

二是在国家与社会关系理论方面。马克思主义认为，"社会最终要发展成为国家，社会对国家的建立起决定性作用，社会与国家最终融合在一起"[②]。国家为了解决阶级矛盾，要主动承担起社会职能，分别利用暴力及民主方式对社会进行统治和管理，只有实行民主才能让两种职能相融共通。

三是在社会治理理论方面。马克思、恩格斯认为，基层治理是社会治理的基础工作，共产主义的目的是实现人的自由和全面发展。随着时代的进步，国家就会消亡，统治阶级应在时代要求下转变角色，相应的社会治理的职能将逐渐占据主要位置，以适应国家与社会的发展。

（二）列宁的社会治理思想

列宁继承并发展了马克思、恩格斯的治理理论，并与俄国的实际国情相结合，提出了许多富有前瞻性的思想观点。

一是要坚持和加强党的领导。列宁始终重视党的领导作用，认为党是国家发

---

①② 《马克思恩格斯选集》（第1卷），人民出版社1995年版。

展的引路人、是社会进步的主心骨，必须永葆党的先进性，让党的领导核心地位永不动摇。在城市和乡村治理问题上，治理效果好坏与否，关键在于是否把党的统揽地位贯穿其中。这在今天仍然具有十分现实的意义。

二是需要一批高素质的干部队伍。基层干部在社会治理中扮演着重要作用，甚至引领着基层治理的方向。

三是要发挥人民群众的力量。列宁指出："采取一系列逐步的、经过慎重选择而又坚决实行的措施，以吸引全体劳动人民自动参加国家社会的管理工作。"①他还认为，社会治理必须依靠广大人民群众，让群众能够参与到治理过程中，这样可以给政府和人民提供一个有效的沟通平台，更好地协作解决社会的问题。

四是社会治理需要法制作保障。列宁认为，善法是治理的前提，在治理过程中要充分运用法律的功能，他还主持制定了适合苏维埃俄国的法律制度，并注重树立法治权威，以求为社会治理提供法治保障。

（三）多中心理论

多中心治理理论认为，可以借助多个中心治理公共事务，以此减少政府对公共事务的管理和控制，从而提高治理的效能。多中心包括政府部门、市场主体、社会组织、民间团体以及公民个人等，每个主体具有独立的行为和决策能力，通过多方博弈、协商、合作，降低治理成本，提高治理效率。多中心理论强调，政府应在公共事务治理过程中发挥主导作用，但这种主导并非包揽和垄断，而是引导各个治理主体共同合作与协商。这些观点对于我国的乡村治理研究有重要的指导意义。当前，我国乡村治理的权威依然是基层党组织，但主体日益多元，村民自治组织、集体经济组织、民间自组织、新乡贤和村民个人等，均成为乡村治理的有效主体。治理主体的多元性决定了治理方式的灵活性，在面对多方给出的多种治理方案时，需要通过制度化的方式进行民主协商，从中选出择优方案。

（四）协同治理理论

协同治理是指政府等正式主体和民间组织、企业、公民等非正式主体，在法律法规和规章制度的共同规范下，以维护和增进社会公共利益为目标，通过平

---

① 《列宁选集》（第3卷），人民出版社1972年版。

等、协商、互动、合作的方法共同参与治理的过程。协同治理与多中心治理理论有一定的联系，协同治理过程中各主体地位是平等的，是团结、协同、合作、共治的关系，各治理主体都有参与治理的权利和义务，可以根据需要展开治理活动，以此增进公共利益。协同治理强调治理过程的开放性，治理过程中作出的决策是各治理主体协商共治的结果，具有透明性和公开性。由于外在环境存在不确定性因素，这便要求治理的方式、方法都要随着实际的变化而变化，用以保持治理手段的创新性。协同治理的结果一定好于治理主体单一作用的发挥和简单合作治理的结果，最终形成"1 + 1 > 2"的效果。协同治理理论与我国的协商民主理论具有异曲同工之处，为解决乡村治理过程中的复杂问题，特别是推进基层协商民主制度化，提供了重要理论基础。

（五）新公共管理理论

信息技术的进步有力地推动了社会管理和经济发展，由此催生了很多的新思想和新理论，"新公共管理理论"是在这一背景下应运而生的。强调"服务"是这一理论的鲜明特点，用现在的话说就是要寓管理于服务中。新公共管理理论认为，"公共政策的执行者在管理组织和制定决策时，应该履行为民服务的基本职责，将权利适当交与人民，并与公民之间形成良好的互动关系。"[①] 其主要观点还包括，公共管理的目的在于追求社会整体的公共利益最大化；公共管理的过程中要维护和保障公民的各项合法权利，要重视人的主体地位，而不能只看重生产率的高低等。

第三节　目标取向

当前和今后一段时期，乡村治理工作要按照中央确立的目标和要求，在乡村治理理念、治理主体、治理方式、治理机制等方面深入转型，着力构建结构合理、过程民主、方式科学的乡村治理体系，提升乡村社会有效治理能力，从而为

---

① 佟雪莹：《我国乡村治理现代化问题研究》，东北农业大学硕士学位论文，2017 年。

新时代乡村全面振兴奠定坚实治理基础。推进乡村治理现代化，可以将治理主体多元化、治理结构网络化、治理机制协同化、治理方式法治化、治理手段智能化和治理过程精细化作为长远目标和转型方向。通过加强和创新乡村治理工作，努力构建多元主体共建、共治、共享的乡村治理新格局，不断健全自治法治德治相结合的乡村治理新体系。

（一）治理主体多元化

治理是政治主体运用公共权力对国家和社会的有效治理及推进过程。治理意味着全社会所有成员，人人都是治理主体，人人都是治理对象，人人都是国家和社会的主人，人人有机会、有权利参与社会治理。社会治理要求治理主体的多元化，即要求政府、社会和市场等都能够成为治理的主体，这是国家治理现代化的必然要求。从治理发展的角度看，作为乡村振兴战略中总体要求之一的治理有效，源于管理民主。由社会管理到社会治理，预示着社会管理理念发生重大变化，其主体开始多元化、丰富化。乡村治理的领域广阔而复杂，需要多主体的密切配合方可实现。我国乡村社会发生的显著变化，对乡村社会治理提出了新要求，迫切需要树立新的乡村治理理念，推动政府、市场、民间组织等多元主体共同参与乡村治理。现实中，由于自然、历史、制度等多种因素的影响，农民群众参与社会治理、充当社会主人意识还不强。乡村社会仍存在基层组织薄弱、村民自治水平不高、"四风"问题时有发生等现象。在当前乡村治理结构下，乡村治理主体包括基层党政组织、社会组织、普通村民、乡贤等。乡村治理的主体多元化，意味着村级党政组织、集体经济组织、民间社会组织或者村民个人等，都可以作为乡村治理的主体并在各自领域发挥自己的功能。推动乡村治理主体多元化，要从政府包揽向政府指导、社会共治转变，鼓励和支持社会各行为主体积极参与乡村事务，实现政府治理与社会调节、居民自治的良性互动，构建多元主体共建、共治、共享的乡村治理新格局。

（二）治理过程民主化

随着马克思社会治理思想、多中心治理、新公共管理等相关理论不断运用到我国乡村治理实践中，治理取代管理成为乡村社会善治中的重要理念。但是，现行的乡村治理体制本身还存在党政不分、乡镇基层政权"悬浮化"和"谋利化"、村民自治组织过度行政化、"乡政"与"村治"之间的过度博弈和不协调、社会组织发育不健全等诸多问题，与治理理念和乡村治理现代化的应然要求之间还存在较大差距。原来的治理机构是计划经济统治的，是自上而下的统治。而现代治理机构，是自下而上的，包含着治理对象之间，也就是国家、政府与社会、民众之间的协商和妥协。推进乡村治理现代化，要求我们在基层社会治理中要更多地体现政府与人民群众之间的互动，而不是用以往那种行政命令式的做法。这就要求我们用协商民主的方式进行基层社会治理，"有事好商量，众人的事情由众人商量。"通过坚持和完善村民自治制度，广泛开展基层协商民主，充分发挥群众的主动性和积极性，从而使决策体现村民意志，保障村民权益，依靠群众预防化解矛盾，激发村民创造活力，为村民参与治理搭建平台，拓展渠道，丰富形式。

（三）治理机制协同化

"治理"与"统治"有着明显的不同。治理是运用权威维持秩序以满足公共利益的需要，治理的权威是自下而上公众的互动参与意识，而统治的权威是自上而下的行政命令，二者存在内在的本质区别。乡村治理过程的协同化，强调各治理主体间在公正、平等、法治的基础上相互协调和良性互动。乡村治理的效果公共化是指，在突破乡村固有利益格局的基础上，寻求村民公共利益的最大化。现实中，由于"压力型"体制的存在，改革发展稳定的大量任务压在基层，推动党和国家各项政策落地的责任主体也在基层。我们现在一些地区在基层治理中存在"碎片化"的现象，各职能部门各干各的，各层级也是各干各的，虽然目标一致，都在维护基层社会稳定、推进经济发展，但需要克服这种"碎片化"的现象。推进乡村治理体系和治理能力现代化，要树立大抓基层基础的鲜明导向，推动社会治理重心下移。党委政府在基层社会治理上要继续发挥主导性作用，要与社会、群众之间形成良性的互动，不能包办代替。通过乡镇党委、政府、村支两委、经济社会组织和村民等多层级、多主体的联动，构建协同治理的社会网络，从而有效整合资源、化解矛盾，打造共建共治共享社会治理格局。[1]

---

① 刘刚：《政府治理创新的主要内涵和基本路径》，《中共天津市委党校学报》2016 年第 5 期。

（四）治理手段智能化

智能化是信息化社会演进的高级阶段。社会治理智能化是信息化时代的必然要求和有力抓手。习近平总书记指出，随着互联网特别是移动互联网发展，社会治理模式正在从单向管理转向双向互动，从线下转向线上线下融合，从单纯的政府监管向更加注重社会协同治理转变。目前以"互联网＋"和人工智能为代表的新技术日新月异、层出不穷，日益颠覆着人们的传统认知和习惯。这既为社会治理提供了更高级的工具，也带来了此前未曾遇过的问题。现代社会已经进入了一个信息化和智能化的时代，新兴网络技术已经融入人们日常生活的方方面面，也给传统的社会管理模式带来了前所未有的压力。诸如网格化治理、目标责任制等传统手段，在一些地方和领域已经难以符合现实的需要，也难以实现有效治理的目标。

推进乡村治理现代化，要积极尝试运用智能化手段推动基层社会治理创新，不断提升人民群众的获得感、幸福感、安全感。推进乡村治理手段智能化，一方面，可以加快推进乡村"雪亮工程"建设，推动城乡视频监控连接贯通，整合各类资源，构建立体化、信息化社会治安防控体系，织密织牢农村公共安全网。健全网络、论坛、微博、微信等反映渠道，完善举报奖励等机制，把群众发动起来，开创群防群治新局面。另一方面，可以结合"互联网＋电子政务"建设，构建全域统一、线上线下一体的智能化公共服务平台，把可拓展上线的窗口服务移到网上、连到掌上，让群众办事不跑腿、数据多跑路成为常态。值得关注的是，智能化手段应用于基层社会治理，更需强调顶层设计，不能每一个职能部门或每个地区都建立起自己的"一套模式"，互相之间不连通，这样不仅会提高整体社会治理成本，也降低效率。要建立统一的网络系统，才能够更好地发挥智能化技术手段，作用于社会治理。

（五）治理方式法治化

建立法治、摆脱人治，是现代民主政治的基本要求。法治的基本内涵是，法律应作为公共管理的最高准则，任何政府官员和公民都必须依法行事，在法律面前人人平等。在现代国家，法治是治国理政的基本方式。法治的目标是规范和约束公民的行为，维持正常的社会秩序，但其最终目的在于保护公民个人的自由、平等及其他的基本政治权利。治理取"水治"之意，有润物无声之内涵。从"管理民主"到"治理有效"，反映了我们党在乡村治理理念上的深刻变化。治理更多地强调"法治"，管理更多地强调"人治"；治理强调发挥政府、社会、个人的配合和协调作用，管理主要强调政府的作用。推进新时代乡村治理创新，在治理方式上要以管控规制向法治保障转变，运用法治思维和法治方式化解社会矛盾，加快社会领域立法，廉洁公正执法司法，加强法治宣传；要建立调处化解矛盾纠纷综合机制，依靠法治预防化解矛盾，把法治作为化解矛盾的首选方式和终极方式，在法治轨道上解决群众诉求。依法规范信访秩序，把涉法涉诉信访纳入法治轨道解决，建立涉法涉诉信访依法终结制度。

（六）治理方法精细化

精细化管理最早使用在企业管理上，它是一种以最大限度地减少管理所占用的资源和成本为主要目标的管理方式，通过对目标进行分解、细化，以明确责任、落实目标。社会治理的精细化是社会管理理念和方式的重要创新，也是未来社会治理的走向和趋势。精细化管理是注重细节、精益求精和追求卓越的治理模式，集中包含了细节、精简、准确、精致和卓越等基本元素。社会治理精细化注入了治理现代化的内容，并以此构建共建共治的社会治理格局，实现治理现代化的目标。精细化治理是相对于过去的粗放式管理而言的。粗放式管理以类或群为基本单位，主要是解决特定类群的人、事、物的问题，最后形成的是一种概括性、归纳性或笼统性的信息，并不去触及分散的和个别的社会事实。但同样一个群体，每个人的实际情况又是千差万别的。因而精细化治理是尽可能拆解社会事实，确立尽可能最小化的治理单元，实施多样化和差异性的治理，由此形成着眼于"个体化的治理"。比如近些年来大力推进的精准扶贫精准脱贫工作，就是精细化治理在乡村贫困治理中的成功实践。必须要搞清楚究竟谁是贫困人口、贫困程度以及贫困原因等，才能做到扶贫对象精准、措施到户精准、项目安排精准、资金使用精准、因村派人精准、脱贫成效精准，从而做到扶真贫、真扶贫、真脱贫，为打赢打好脱贫攻坚战奠定坚实基础。

推进乡村治理精细化，一是改变粗放式乡村治理模式，培育精细化治理的社会文化，把精细化贯穿于乡村治理全过程，弘扬"工匠精神"，注重细节、精益求精，确保干一件、见效一件。二是构建标准化体系，加强社会治理成本效益分析，完善绩效考评机制，使社会治理过程可量化、可追溯、可考核。三是深入推进乡村治理体制机制的改革，推动乡村治理重心下移，实现权力和资源以及责任的下沉，提高基层党员干部的素质和能力，充分发挥其积极性和主动性，在处理日益复杂化社会事实的过程中微妙地落实精细化治理的要求。

第四节 指导原则

构建现代乡村治理体系，要坚持以习近平新时代中国特色社会主义思想为指导，着力把握好推进乡村治理提升的基本原则，坚持人民治理主体地位，构建自治、法治、德治相结合的乡村治理体系，实现三者的良性互动，最终达成乡村善治。

（一）坚持党的全面领导

中国共产党领导是中国特色社会主义最本质的特征，是中国特色社会主义制度的最大优势。[①] 坚持党对一切工作的领导，是推进新时代中国特色社会主义事业的根本保证。新中国成立 70 年来的历程充分证明，党的领导是农业农村工作的核心力量，也是重要法宝，我国乡村治理变革始终是在党的领导下进行的。在新时代深入推进乡村治理现代化，必须更加自觉地坚持党的全面领导不动摇，把党的领导贯穿于乡村治理的各个领域和全部过程，并以自我革命精神加强党的自身建设，不断增强党组织的思想引领力、群众组织力和社会号召力，确保社会治理现代化的正确航向。要毫不动摇地坚持和加强党对农村工作的领导，健全党管农村工作的领导体制和运行机制，确保党在乡村治理工作中始终总揽全局、协调各方，为乡村治理有效和全面振兴提供坚强有力的政治保障。要充分发挥基层党组织的战斗堡垒作用。强化各级党委在乡村治理中的主体责任，加强思想、组织、作风、纪律、制度建设，不断增强党支部的创造力、凝聚力和战斗力。选好

---

① 习近平：《决胜全面建成小康社会 夺取新时代中国特色社会主义伟大胜利》，人民出版社 2017 年版。

配强村两委班子，注重从基层群众、新乡贤、新阶层中发展和培养党员，培养造就一支懂农业、爱农村、爱农民的"三农"工作队伍，以基层党建引领乡村治理创新。

（二）坚持农民主体地位

农民是乡村治理现代化的承载者，也是乡村治理现代化的受益者，还是乡村治理现代化效果的衡量者。如果农民没有积极性，乡村治理现代化就必然难以实现。[1] 乡村治理必须坚持为了人民、依靠人民，相信依靠群众、充分发动群众。切实尊重农民意愿，充分发挥农民的主体作用，调动农民的积极性、主动性，把维护农民群众的根本利益、促进共同富裕、促进全面发展作为乡村治理的出发点和落脚点，不断提升农民群众的获得感和幸福感。要真正把人民满意不满意、拥护不拥护作为乡村治理成效的根本标准。坚决反对和制止各类违背农民意愿，搞强迫命令、劳民伤财的政绩工程。[2] 深化村民自治实践，加强基层民主政治建设，加快形成民事民议、民事民办、民事民管的多层次基层协商格局。保障和支持农民通过自我管理、自我教育、自我服务的乡村自治机制在乡村社会当家做主，确保公共产品与公共服务的供给服从农民需要、交由农民决定，推动广大农民群众成为乡村治理的真正主体，激发农民的积极性、创造性，使其成为乡村振兴的内生动力。

（三）坚持依法综合治理

法治是治国理政的基本方式。作为协调和处理社会关系的一种手段，社会治理需要有法律根据、法律支撑、法律保障；社会治理的各个主体要有法治思维、法治意识，其行为要符合法治的规范与要求。党的十八届三中全会通过的《中共中央关于全面深化改革若干重大问题的决定》，对创新社会治理方式作出全面部署，提出"四个治理"原则，即坚持系统治理、依法治理、综合治理和源头治理。这为创新乡村社会治理方式指明了方向和路径。[3] 创新乡村治理体制，必须

---

① 陈文胜：《农民主体地位与乡村治理现代化》，《湖北民族大学学报》（哲学社会科学版）2020 年第 1 期。

② 魏礼群：《坚定不移推进社会治理现代化》，《光明日报》2019 年 9 月 9 日。

③ 《中共中央关于全面深化改革若干重大问题的决定》，人民出版社 2013 年版。

坚持依法治理，强化法治保障，努力运用法治思维和法治方式化解社会矛盾。推动治理方式由管控规制向依法治理转变。推进乡村治理现代化，还要综合运用除法律外的其他手段来进行社会治理。要坚持综合治理和系统治理，推动乡村治理手段从行政手段为主的单一手段运用过多向多种手段综合运用转变，把社会管理从政府单向管理向政府主导、社会多元主体共同治理转变。多种手段包括道德教育的手段、行为规范自律的手段、社会矛盾调节的手段等，通过"坚持综合治理，强化道德约束，规范社会行为，调节利益关系，协调社会关系，解决社会问题"①。

（四）坚持城乡统筹协调

城乡融合发展是重大要求，也是发展方向。要适应城乡一体化和公共服务均等化的发展要求，促进基础设施和公共资源在城镇和乡村之间均衡配置。统筹谋划城乡社区治理工作，注重全域覆盖、以城带乡、优势互补和共同提高，促进城乡社区治理共同进步、协调发展。要坚持以"三起来"要求推动城乡融合发展。把强县和富民统一起来，把改革和发展结合起来，把城镇和乡村贯通起来，建立健全城乡融合发展体制机制和政策体系，推进城乡基础设施一体化建设、公共服务均等化布局，促进城乡发展要素合理流动。加快补齐农业农村"短板"，使乡村地区能够获得与城镇地区相应的产业发展、基础设施、公共服务和社会保障机会，夯实城乡共享发展成果的基础条件，切实解决城乡要素自由流动、平等交换的基础条件问题。要构建城乡融合发展大格局。把握好城镇和乡村两项重点工作的协调联动、统筹推进；科学推进全域一体的新型城镇化，全力打赢农村脱贫攻坚战；坚决破除制约城乡融合发展的体制机制弊端，推动城乡要素自由流动、平等交换；加快形成工农互促、城乡互补、全面融合、共同繁荣的新型工农城乡关系。②

（五）坚持着眼全面振兴

乡村振兴是一个自然生态和经济社会发展过程积累的结果，实现乡村全面振

---

① 《中共中央关于全面深化改革若干重大问题的决定》，人民出版社 2013 年版。

② 《中共中央 国务院关于建立健全城乡融合发展体制机制和政策体系的意见》，《农村工作通讯》2019 年第 10 期。

兴必须坚持经济社会和自然发展规律。要认真研究自然条件、资源禀赋和乡土社会特点，科学研判提升乡村治理能力面临的总体形势和内部条件，准确把握自然生态和经济社会发展的一般规律和阶段性特点。严格按照产业兴旺、生态宜居、乡风文明、治理有效、生活富裕的乡村全面振兴总要求，准确把握乡村振兴的科学内涵，挖掘乡村多种功能和价值，释放农业农村发展潜力，统筹推进农村经济、政治、文化、社会、生态文明和党的建设，注重协同性、关联性，整体部署，协调推进。科学把握乡村治理内部各领域及其与县域治理、乡村全面振兴之间的关系，把提升乡村治理能力作为乡村全面振兴的关键环节，通过加快体制机制创新、提升乡村治理能力凝聚乡村建设力量、激发乡村发展活力，加快乡村全面振兴；坚持尊重自然、顺应自然、保护自然，坚持尊重群众意愿、保护群众利益、激发群众内生动力，循序渐进、逐步推动，坚决不搞不顾客观条件而瞎指挥、大折腾盲目运动式建设。

（六）坚持因时因地制宜

我国拥有 48 万多个乡镇、69 万多个乡村，地域广阔、农村人口众多，农村发展水平、经济条件、农民文明程度差异较大，地区乡村经济发展水平不平衡，亟须找准问题、精准施策，有针对性地加以破解。在新时代深入推进乡村治理现代化，必须立足农村实际，推动各地立足自身资源禀赋、基础条件、人文特色等情况，探索符合当地特点、适宜"村情"的乡村治理模式，确定乡村治理的发展思路和推进策略。科学把握乡村的多样性、差异性、区域性特征，注重规划先行、精准施策、分类指导，不搞"一刀切"和统一模式。尽力而为，量力而行，合理设定阶段性目标任务，做到久久为功，扎实推进。要妥善解决一些村庄空心化、产业空洞化问题，切实纠正一些地方违反客观规律，违背群众意愿，急于求成，盲目搞大拆大建，强迫农民集中上楼居住以制造乡村兴旺表象的错误做法。要树立"绿水青山就是金山银山"的发展理念，修复和改善乡村生态环境，加快推进农村环境整治，打造美丽宜居乡村。要大力弘扬和传承地方优秀传统文化，加强历史文化遗址保护，完善公共文化服务体系，加强对乡土特色文化技人、艺人、能人培育和扶持，增强新乡贤引领示范带动作用，弘扬新时代文明乡风，着力提升乡村社会文明程度。

第三章　基层党建与乡村治理现代化

　　党管农村工作是党的优良传统，党的领导是乡村治理的关键保证。以基层党建引领乡村治理创新，是新时代加强和改进新时代乡村治理的重要方向，也是一项紧迫而重要的现实课题。推进乡村治理体系和治理能力现代化，必须坚持党对乡村治理的全面领导，充分发挥农村基层党组织在乡村治理中的引领作用，以基层党组织振兴为抓手，搭建基层党建引领乡村社会治理的融合促进平台，充分发挥农村基层党组织战斗堡垒作用和党员先锋模范作用，从而将党在农村的政治优势转化为乡村治理效能，为新时代乡村振兴提供政治引领和组织保证。

第一节　坚持党对乡村治理的全面领导

　　党的领导是中国特色社会主义事业最本质的特征，也是中国特色社会主义制度的最大优势。农村基层党组织是党在农村全部工作和战斗力的基础。实现乡村有效治理，夯实乡村振兴基层基础，让农村社会既充满活力又和谐有序，必须坚持党对乡村治理的全面领导，充分发挥基层党建对乡村治理的引领作用，把党的领导贯穿到乡村治理的各个领域和全部过程。

（一）基层党组织是乡村治理的领导核心

　　中国共产党是中国特色社会主义事业的坚强领导核心。基层党组织也是乡村治理现代化的坚强领导核心。党的基层组织是确保党的路线方针政策和决策部署贯彻落实的基础，是党联系广大农民群众的桥梁和纽带。农村基层党组织是实施乡村振兴战略的"主心骨"，组织振兴是乡村全面振兴的重要保障。农村基层党组织建设质量关系党在农村执政根基的巩固，关系着农村各项改革发展稳定任务的落地施行。推进乡村治理现代化，须臾不能离开中国共产党领导。乡村治理现代化这件大事能不能办好，最关键的是方向是不是正确、政治保证是不是坚强有力。加强和创新乡村治理，必须始终坚持党管农村工作原则，坚持党管乡村治理，把农村基层党组织建设成为落实党的政策、带领农民致富、密切联系群众、维护农村稳定的坚强领导核心。

经过 40 多年的改革发展，农村常住人口持续减少、城乡间人口流动日益频繁，合作经济组织和民间社会组织蓬勃发展，农村社会结构和社会关系发生了前所未有的变化，而乡村治理力面临着不少新形势、新问题。与此同时，由于个别地方农村基层党组织软弱涣散，个别党员党性修养不强，一些村干部在涉及利益问题上存在优亲厚友现象，村民在公平正义方面的需求得不到满足。[①] 导致基层党组织建设质量不高，领导乡村治理的作用弱化。必须立足新时代乡村新形势新要求，加强党对乡村治理的统一领导，坚持以党建为引领，以人民为中心，把党的领导贯穿到乡村治理的各领域全过程。

推动乡村治理现代化，是农村治理方式的重大变革，直接关系农村改革发展稳定大局、关系党在农村的执政基础巩固，必须充分发挥基层党组织的领导核心作用，强化政治引领，全面贯彻党的主张，确保乡村治理的正确方向。要把加强农村基层党组织建设作为乡村治理各项工作的有效抓手，把抓党建最大政绩和抓发展第一要务有机统一起来，通过创新组织设置形式、选好配强支部书记、推行"一肩挑"、激发普通党员参与，着力构建农村基层党建引领乡村治理的新体系，不断增强农村基层党组织的政治功能和组织力，从而把党员组织起来，把人才凝聚起来，把群众动员起来，为决胜脱贫攻坚、推进乡村振兴目标团结奋斗。

坚持和加强党对乡村治理的集中统一领导，必须以习近平新时代中国特色社会主义思想为指导，按照实施乡村振兴战略的总体要求，始终把解决好"三农"问题作为重中之重，健全党委领导、政府负责、农村工作部门统筹协调的乡村治理领导体制，切实把认识和行动统一到中央决策部署上来，形成五级党组织书记

---

① 陈东辉：《以基层党建引领新时代乡村治理》，《农民日报》2019 年 11 月 11 日。

抓乡村治理的制度体系。实行党政"一把手"是第一责任人，县、乡两级党委书记当好"一线总指挥"。进一步健全各级党委农业农村工作领导体制机制，完善乡村振兴重大事项、重要问题、重要工作由党组织讨论决定的制度，充分发挥党委农村工作部门统筹协调、政策指导、督导检查、推动落实等职能。建立健全省市县乡村五级书记分级负责乡村振兴的责任网络，进一步强化各级党委和政府在实施乡村振兴战略中的主体作用。

（二）组织振兴是乡村振兴的根本保障[①]

乡村振兴战略中的"五个振兴"是一个相互作用、相互支撑的有机整体。其中，组织振兴作为其他四个振兴实现的基础保障和关键抓手，在乡村全面振兴中占据着核心地位，发挥着统领作用。

组织振兴是实现乡村全面振兴的前提和基础。乡村振兴是包括产业振兴、人才振兴、文化振兴、生态振兴、组织振兴的全面振兴。实现乡村振兴，首先要有一个强有力的农村基层党组织作为核心，统领乡村各类组织全面发展，从而为乡村全面振兴提供组织基础。因此，确保"五个振兴"全部落到实处，必须以农村基层党组织建设为重点，激活乡村各类组织的功能，把广大党员干部群众的智慧和力量凝聚到推动乡村振兴的生动实践中。

组织振兴是实施乡村振兴战略的抓手和保障。党的领导是实施乡村振兴战略的政治优势和根本保障。基层党组织是实施乡村振兴战略的"主心骨"。基层党组织软弱涣散，乡村振兴将步履维艰；基层党组织坚强有力，乡村振兴便会蹄疾步稳。因此，谱写新时代乡村全面振兴新篇章，必须以组织振兴为抓手，强化农村基层党组织领导核心地位，发挥基层党组织对乡村振兴的引领和带动作用。

组织振兴首先是农村基层党组织的全面振兴。《中国共产党农村基层组织工作条例》指出，党的农村基层组织是党在农村全部工作和战斗力的基础，全面领导乡镇、村的各种组织和各项工作。当前，农村改革不断深化，决胜脱贫攻坚、

---

① 本段内容引自笔者作为课题组成员在《河南日报》刊发的理论文章。参见河南省社科院《河南日报》"乡村振兴战略"课题组：《推进乡村五个振兴　引领中原更加出彩——深入学习领会习近平总书记参加河南代表团审议时重要讲话精神》，《河南日报》2019年3月27日。

推动乡村振兴，不断满足农民群众日益增长的美好生活需要，必须把党的农村基层组织建设摆在更加突出的位置，充分发挥党组织战斗堡垒作用和党员先锋模范作用，为农村改革发展稳定提供坚强政治和组织保证。

组织振兴也是农村群众性自治组织、合作经济组织、社会组织等各类组织的全面振兴。新时代社会主要矛盾的变化，推动着乡村治理的主体、对象、内容也发生着深刻的转型。实现乡村"治理有效"的目标要求，推进乡村治理体系和治理能力现代化，要在推动基层党组织全面进步、全面过硬的同时，加强和改善党组织对其他各类组织的领导，健全自治、法治、德治相结合的乡村治理体系，形成共建共治共享的乡村治理格局，引导基层各类组织自觉贯彻党的主张，充分发挥其在乡村振兴中的积极作用。

实施乡村振兴战略，必须以组织振兴为统领，从而为新时代乡村全面振兴提供政治引领和组织保证。以组织振兴统领乡村振兴，可以从以下几个方面着力：

一是推动农村基层党组织全面进步全面过硬。要树立大抓基层、大抓支部的鲜明导向，突出政治功能，提升组织力，创新组织设置和活动方式，推进党支部建设规范化标准化，持续整顿软弱涣散村党组织。选好配强农村党组织书记，激发广大农村党员的参与热情。把农村基层党组织建设成为宣传党的主张、贯彻党的决定、领导基层治理、团结动员群众、推动改革发展的坚强战斗堡垒。

二是保障村民自治组织规范运行。支持村民委员会在党组织领导下依据自治章程开展群众自治工作，落实村级组织运转经费保障政策。建立健全村务监督委员会，加强村级权力有效监督。制定完善村规民约，推行基层协商民主制度化，依法严厉打击农村黑恶势力及其"保护伞"，推进乡村法治建设。

三是积极发展农村集体经济组织。深入推进农村集体产权制度改革，发挥农村集体经济组织在管理集体资产、开发集体资源等方面的作用。加快发展农业合作社等现代农业经营组织，吸引农业龙头企业、专业大户共同参与，提高农民群众组织化程度。发展乡村各类专业化服务组织，推进农业生产全程社会化服务。

四是大力培育农村社会组织。因地制宜设立红白理事会、村民议事会、道德评议会、禁毒禁赌会等自治组织，发展农村社会工作和志愿服务，培育服务性、公益性、互助性农村社会组织，发挥农村社会组织在服务农民、文明乡风等方面的积极作用，提升乡村德治水平。

第二节　推动基层党建，引领乡村治理创新[①]

（一）党建引领乡村治理创新的实践探索

河南安阳县以开展基层组织建设年为抓手，通过加强村级组织建设、激发农村干部队伍活力、完善基层党建工作机制等措施，切实提高全县基层党组织的组织力，全面加强党的基层组织建设，为乡村振兴提供坚强的组织保证。

1. 抓基层组织建设，强化政治引领

一是实施农村党建工作规范化建设。安阳县继续围绕"基层组织建设年"总体思路，在乡镇基层大力实施农村党建工作规范化建设，攻克三个重点——建设示范点、整顿后进村、壮大村集体经济；达到五个规范——支部建设规范化、组织活动规范化、党建阵地规范化、基本制度规范化、基本保障规范化；实现两个优秀——农村党支部书记优秀、农村党支部优秀。针对党建工作总体思路和目标任务，并加强督导，积极推进基层组织建设年任务落实。

二是打造基层党建示范站点，提升党建工作水平。从村级组织班子建设、基层组织阵地建设、村集体经济建设、村容村貌建设、推进农村精神文明建设五个方面制定了党建示范点标准，建立了示范站点工作台账，制定了考核评价、评选退出等管理办法和机制。在每个乡镇确定 3~5 个示范村的基础上，全县按照交通现状打造示范线路。以"五个规范，两个优秀"为农村党建示范点的建设标准，分层分类全面开展基层党建示范点建设工作。同时，在全县范围内开展"四议两公开"规范化建设工作，统一印制《"四议两公开"记录本》，要求各乡镇规范执行并做好记录。

三是全面开展后进村治理整顿，补齐党建工作短板。结合全县开展的基层服

[①] 本节内容来源于《河南日报》理论文章《加强基层组织建设　夯实党的执政之基》一文中的《农村基层党建　加快脱贫攻坚》部分。作者：刘刚，《河南日报》2017 年 7 月 5 日。书稿内容有所调整和补充。

务型党组织星级创建活动，初步排查后进党组织，并开展整顿工作，年底完成整顿转化。

四是做好村级组织活动场所规范工作。进一步规范村级组织活动场所布局规划、村室环境卫生、办公制度建设等工作。

2. 抓基层队伍管理，强化示范带动

一是严格考核办法，激发基层干部活力。继续实行"一定两评四有"农村干部激励保障措施。全面推行党员百分制管理工作制度。继续执行农村干部补贴政策，全县农村党支部书记补贴达到 2016 年农民人均纯收入两倍的水平（村党支部书记工作报酬达到 28488 元/年，2374 元/月），并全部实行了"基础 + 绩效"的补贴结构。同时，切实提高优秀农村党支部书记的政治待遇，在人大代表或党代表推荐向农村一线倾斜。在农村党员中推行了积分制和无职党员"一编三定"（编组，定岗位、定职责、定奖惩）管理办法，充分调动普通党员和无职党员的责任意识及工作积极性。

二是加强教育培训，提升基层干部队伍素质。坚持以习近平新时代中国特色社会主义思想和党的十九大精神为指导，结合基层组织建设年活动，村级组织换届结束后，采取请进来"教"和拉出去"学"的方式，围绕村"两委"换届、抓党建促脱贫攻坚、软弱涣散和后进村党组织治理整顿、发展壮大村集体经济、宗教问题综合治理等重点工作，认真谋划，精心组织，扎实开展了农村干部教育培训工作。

三是规范党员发展工作，提高党员管理水平。严格发展党员推优、预审、考察、表决、入党介绍人承诺及责任追究制度，确保党员发展质量，消灭党员发展"空白村"。利用全县党员管理信息化工程，把所有党员基础信息入库，充分利用现代化的管理平台和管理措施，对党员进行有效管理。实行农村党员积分制管理，引导党员积极发挥作用。加强流动党员管理，积极探索流动党员管理的有效办法。把"互联网 +"引入农村党员教育管理，开办网上课堂，完善"安阳县党建"微信公众平台。固定每月 5 日为党员活动日。

3. 抓基础制度规范，强化工作推动

为充分发挥基层党建引领作用，找准基层党建着力点，密切与工作相结合，扎实推动全县中心任务。

一是发挥党建引领汇聚合力，做好抓好党建促脱贫攻坚、扫黑除恶等中心工作。继续推行结对共建。继续抓实每个县直机关与 1~3 个农村党支部结成工作对子工作。持续做好驻村第一书记工作。开展了驻村第一书记 2018 年度述职评议，并组织驻村第一书记与乡镇党委签订《2019 年驻村目标责任书》。坚持每季度第一书记例会制度，制定印发《关于加强驻村第一书记工作的通知》，强化管理，落实生活补贴和工作经费，办理保险，组织体检，持续激励第一书记扎根基层，干事创业。

二是强化基层党建工作保障，推动发展壮大村集体经济。3 月 12~13 日组织开展全县村级集体经济核查工作，进一步摸清底数。继续通过招商引资税收分成、规范管理、盘活村级集体资产、示范点带动等措施实现 2019 年底村集体经济收入"清零"目标。按照上级要求，结合安阳县实际，继续做好村级集体经济发展试点村工作，提前做好初步遴选和方案编制工作。

三是建立推进机制，强化工作落实。县委组织部成立 9 个督导组，定期对基层党建工作推进情况进行督导，情况在全县通报。建立了党建工作月例会、季现场推进会制度，及时解决基层党建工作中的问题，督促各乡镇、各单位落实基层党建工作责任。年底进行综合考核，对党建工作目标完成情况进行综合评定，对基层党建工作排名前三位的乡镇党委，提高领导班子年度考评优秀比例；对基层党建考核工作考评末位的乡镇党委，取消党委及党委主要领导评先评优资格，并对乡镇党委书记进行约谈。

（二）党建引领乡村治理创新存在的问题

从总体上，多数农村基层党组织在乡村治理创新中的作用发挥得比较好，但也有部分党组织的功能作用未能得到应有发挥。具体来说，农村基层党组织引领乡村治理创新中存在的问题主要有以下几个方面。

1. 个别农村基层党组织力量涣散

有的农村基层党组织软弱涣散、有组织没力量，有的带头人"说话没人听、办事没人跟"，有的党员缺乏应有的觉悟和正气、"党员没有党员的样子"，村里政治生态不佳。有的农村党组织带头人觉悟不高、素质不高，不胜任、不适应的问题比较突出，他们在村里缺乏应有的威信、组织领导能力不强。有的村支部班子内部矛盾突出、服务群众能力弱，村里工作根本推不动。有的村干部公仆意识淡薄，不关心群众疾苦，工作方法简单粗暴，作风不正问题突出，不作为、慢作为、乱作为情况比较严重。有的农村党组织带头人原则性不强，奉行好人主义，遇事"睁一只眼闭一只眼"，当"好好先生"，面对错误的、不健康的东西，比如面对横行乡里的黑恶势力，不作为、不担当，甚至曲意逢迎。

2. 部分农村基层党组织带头人能力不强

部分农村基层党组织带头人发展思路不清、办法不多，村里主导产业不明，村里经济发展状况不好，服务群众水平不高。一些党员干部致富能力弱，带富能力也不强，长期不能带领农民群众脱贫致富，因而经常受到抱怨，在群众中缺乏号召力，没有凝聚力。相当一部分村集体经济薄弱，甚至是"空白"，村里党组织想为村民办点儿实事，但苦于手里没有钱，党组织在乡村治理中发挥作用缺乏产业支撑和财力支持。同时，这也带来了村干部收入偏低、党内关怀活动难开展等问题，影响了党员干部的工作积极性。有的村也想发展集体经济，但发展思路窄、主意办法不多；有的村干部们思想不够解放，发展意识和现代市场经济理念不强，搞集体经济还是沿袭过去的老套路，前景令人堪忧。

3. 农村基层党组织治理方式亟待转变

改革开放前，乡村治理采取的是传统集权式治理模式。在这一治理模式下，村民自治的作用难以得到应有发挥，村里的大小各项事务，都由村党支部甚至支部书记一人说了算，而且主要以长官意志、行政命令和自上而下的控制的"管理"方式运行。随着市场经济的发展，农村社会结构和利益格局的变化，特别是农民群众民主意识、政治参与意识的萌生和增强，传统的农村治理方式与形势发展需要越来越不相适应，日益要求加快向以村党支部为领导核心的多元共治的善治转型。然而，这一转型目前在农村还远不到位，传统治理方式的许多要素还在起作用，既制约了乡村治理体系的完善，也影响了农村基层党组织领导核心作用的发挥。

（三）党建引领乡村治理创新的着力点

提升乡村治理体系和治理能力现代化水平，要牢固树立大抓基层基础鲜明导向，把党的农村基层党组织建设摆在更加突出的位置，完善村党组织领导乡村治理的体制机制，健全党委领导、政府负责、社会协同、公众参与、法治保障的乡村社会治理体制，充分发挥党组织战斗堡垒作用和党员先锋模范作用，为农村改革发展稳定提供坚强政治和组织保证。

1. 着力强化农村基层党组织领导核心作用

树立大抓基层大抓支部的鲜明导向，以提升组织力为重点，突出政治功能，实施"支部建设年工程"，扎实推进抓党建促乡村振兴，推动组织设置和活动方式创新，落实好"三会一课""四议两公开"、主题党日、民主评议党员等制度，推动基层党支部全面进步、全面过硬。

调整优化党组织设置。加大在农民合作社、企业、社会化服务组织中建立党组织力度，及时调整优化合并村组、村改社区党组织设置和隶属关系，切实加强党组织对农村各类组织的领导。

细化党组织评星定级实施细则和评价标准，持续开展软弱涣散村党组织排查整顿。全面向贫困村、软弱涣散村和集体经济薄弱村党组织派出第一书记。每年按照不少于行政村总数 10% 的比例，对软弱涣散行政村的党组织开展常态化整治，采取"抓两头、带中间"的办法，以培育典型和后进整顿为突破口，推动落后基层党组织晋位升级。

不断扩大先进支部增量、提升中间支部水平、整顿后进支部，确保后进村全部实现晋位升级。按照"六步工作法"要求，落实基层四项基础制度，着力解决基层党组织弱化、虚化、边缘化等问题，推动农村基层党组织建设全面进步、全面过硬。

强化农村基层党组织领导核心作用，确保农村基层党组织坚强有力。健全完善党在农村的基本组织、基本队伍、基本活动、基本制度、基本保障，使党的组织有效嵌入、党的工作有效覆盖农村各类组织和群体，党组织政治领导力、组织覆盖力、群众凝聚力、社会号召力、发展推动力、自我革新力得到充分发挥，推动农村基层党组织成为宣传党的主张、贯彻党的决定、领导基层治理、团结动员群众、推动改革发展的坚强战斗堡垒。

2. 着力选优配强农村党支部书记队伍

"给钱给物，不如建个好支部。"刘庄村、裴寨村和西辛庄村等农村先进基层党组织建设的经验启示我们，哪个地方支部建得好、有一个好的支部书记，哪个地方的经济社会发展就比较好。反之，一些贫困村之所以长期落后，主要是因为党支部和村委会软弱涣散，缺乏战斗力、凝聚力和号召力。选好配强农村党组织书记队伍，应加大从本村致富能手、外出务工经商返乡人员、本乡本土大学毕业生、退役军人中的党员中培养选拔村支部书记力度。实施农村带头人队伍整体优化提升行动，拓展优秀党支部书记上升空间，健全从优秀村党组织书记中选拔乡镇领导干部。

开展"优秀支部书记培育计划"。采取请进来"教"和拉出去"学"的方式，分批次对新当选农村党支部书记进行集中示范培训，每年轮训一遍，推选一批先进典型，用先进典型来现身说法、现场教学，增强村党支部成员的责任感、荣誉感、使命感，提升村党组织带领群众脱贫致富的能力和本领。探索从优秀村党组织书记中选拔乡（镇）领导干部，提升荣誉和发展空间。推进村党组织书记通过法定程序担任村民委员会主任和集体经济组织、农民合作组织负责人，推行村"两委"班子成员交叉任职。

研究制定农村党组织及书记考核办法，建立村支部书记岗位目标星级管理制度。完善村两委干部考核办法，实行"一定两评四有"农村干部激励保障措施，年初村级班子和村干部定目标，半年考评村级班子业绩定类别、村干部定等次，全面推行农村干部报酬结构补贴制，让村干部干好工作有待遇、成绩突出有前途、正常离任有保障、工作失职有惩戒。着力打造一支守信念、讲奉献、有本领、重品行的高素质基层党组织带头人队伍。

3. 着力强化农村党员教育管理

农村党员是推动农村发展的主力军。抓住开展"两学一做"学习教育的契机，利用"三会一课"、主题党日等活动，推进农村党员学习教育常态化制度化。扎实推进村务公开和民主管理工作，推广"四议两公开"工作法，健全村务监督委员会，保障普通党员的各项民主权利，让无职党员也能参与到村级事务管理中来。推动农村流动党员从属地管理向身份管理转变，通过建微信群等方式，让外出务工党员及时了解政策要求、交流心得体会、提供意见建议。

深化党员量化积分管理。县（市、区）党委制定量化积分办法和考核标准，区分党员年龄、身体状况、从业、外出流动等不同情况，分类研究细化差异化的设岗定责、积分评价和考核奖惩办法，将评价结果与评先树优、党员民主评议挂钩，教育引导广大党员充分发挥先锋模范作用，为乡村振兴贡献力量。通过挂牌公示、设岗定责、动态考评、表彰激励、约谈劝退等环节，把党员推到农村发展的前沿阵地，党员表现的优劣由村民打分决定，并成为评价党员的重要依据。

提高发展党员质量。按照"控制总量、优化结构、提高质量、发挥作用"的要求，把政治标准放在首位，严把发展党员入口关。加强流动党员服务管理，建立不合格党员退出机制，保持党员队伍的先进性和纯洁性。加大在优秀青年农民中发展村级后备人才的力度，将高校毕业生、复员转业军人、外出务工返乡人员等高素质人才吸收到农村基层党组织。着力培养村级后备力量，形成合理的人才梯队，每村至少培养两名后备干部，每两年至少发展一名年轻党员，通过不断充实新鲜血液，确保农村基层组织后继有人。

4. 着力发展壮大村级集体经济

针对村级集体经济薄弱、"造血"功能不足的问题，把培育发展集体经济作为增强村党组织政治功能和服务功能、提升凝聚力和战斗力的一项重要工程，持续推进村级集体经济发展试点工作。鼓励各地立足实际，灵活采取多种方式，大力发展优势特色产业，通过强化产业支撑，使基层党组织服务群众"有本钱"。通过盘活集体资产、开发集体资源、发展服务经济、完善县乡村三级税收分成政策等途径，从财政扶持、税收减免、普惠金融、招商引资、土地流转、集体经营性建设用地入市等方面制定具体扶持措施，千方百计增加农村集体收入。

确保村级集体经济收入空白村"清零"。建立农村党组织与广大村民特别是贫困户的利益纽带，探索村社一体、合股联营的发展思路，成立村支部引领、村集体所有的合作社。优先动员贫困户土地入股参与保底分红、优先聘用贫困户在合作社务工、优先帮助贫困户在美丽乡村建设中发展服务业，通过集体带动、抱团发展，帮助贫困户持续增收、脱贫致富。

5. 着力提升基层党组织服务能力

针对村级组织运转阵地缺乏和经费保障不足等问题，着力推进基层党建人财物资源向农村倾斜，优先保障贫困村党组织工作需要。健全村级便民服务规章制度，推行县直领导包村、乡镇干部驻村、村干部值班、村级代办员等制度，完善矛盾纠纷排查调处机制，推进党务、村务和财务公开，不断提高村级便民服务水平。落实提高村级经费待遇，把村级办公经费、服务群众专项经费和干部待遇纳入县级财政预算并逐步提高，将村干部的绩效工资与年度考核结果挂钩，努力形成有奖有罚、奖勤罚懒的工作导向。推进村级党群服务中心规范化建设，坚持每年按照比例对村级组织活动场所进行扩建提升，通过统一场所标识和工作制度、建设文化广场、配备文体器材、实施绿化美化亮化、配套便民设施以及设置卫生室、超市、农村电商网点等形式，把单个村室整体提升为村级综合性党群服务中心，以标准化理念搭建"零距离"服务党员群众的有效平台，确保基本服务不出村，打通服务群众"最后一公里"。①

第三节　提高农村基层党组织建设质量

提高党的建设质量，是党的十九大提出的重大课题。农村党的基层组织是党在农村全部工作和战斗力的基础，其建设质量关系党执政根基的巩固和凝聚力战斗力的发挥。由于主客观等原因，农村基层党建领域一直是党的建设质量提升的重点难点和薄弱环节；新时代加强党对农村工作的领导，对农村基层党建提出了新的更高要求。

（一）新时代农村基层党组织建设面临的新形势②

党的十八大以来，以习近平同志为核心的党中央高度重视农村基层党组织建设，坚定推进全面从严治党向广大农村基层延伸，促进农村基层党组织建设取得显著成效。特别是连续出台《中国共产党支部工作条例（试行）》《中国共产党农村基层组织工作条例》《中国共产党农村工作条例》等党内法规，对加强农村基层党组织建设作出全面部署和系统安排，推动形成了大抓基层的鲜明导向和良好态势。各地方按照中央部署和要求，坚持不懈抓基层打基础，从派驻第一书记、带头人队伍选育、软弱涣散党组织整顿、基层组织阵地标准化建设等方面进一步加大农村基层党建工作力度，探索出一些好的经验做法，部分农村地区涌现出一批先进基层党组织和先进个人，一些地方在实践中探索出了"四议两公开"、党员积分制管理等工作方法，受到充分的肯定。

与此同时，农村基层党组织建设点多线长面广，工作任务艰巨。近年来，为进一步夯实农村基层党建工作，部分市县采取"定期巡回观摩、评比加压推进"等形式，用项目化的理念和方式推进基层党建工作，但重点轻面、覆盖不全等问

---

①　刘刚：《农村基层党建　加快脱贫攻坚》，《河南日报》2017年7月5日。
②　本部分内容节选引用自刘刚：《新时代提高农村基层党组织建设质量的创新性探索——以河南省"逐村观摩、整乡推进"为例》，《学习论坛》2020年第1期。

题仍时有出现。①"一花独放不是春，百花齐放春满园"。如何解决农村基层党建
"强在点上、弱在面上"的突出问题，实现从点到面的突破，逐步建立起串点成
线、连线成片、拓片成面的农村基层党建大格局？如何消除基层党建工作的"空
白点"，推动农村基层党组织建设从"宽松软"到"严硬紧"，推进农村基层党
建质量和水平整体提升？成为摆在各级党委和组织部门面前的一个重大课题。

（二）农村基层党建质量存在的难点问题

党的十八大以来，一些地方认真落实全面从严治党主体责任，着力加强农村
基层党组织建设，进一步强化农村基层党组织整体功能，充分发挥农村基层党组
织在乡村治理中的领导核心作用，使农村基层治理水平显著提升，为农村改革发
展提供了有力保障。与此同时，必须清醒地看到，当前党在农村的基层组织建设
还存在一些薄弱环节和突出问题，严重制约着党的农村基层组织政治功能和组织
力的充分发挥。

1. 党建责任难落实

全面从严治党首在落实责任，责任难落实是农村基层党建面临的首要难题。
由于责任传导不到位、力度不持久，一些地方农村基层党建存在着重视程度和实
际效能层层递减的"中梗阻"现象，全面从严治党向基层延伸面临"最后一公
里"难题，导致抓党建"上热中温下冷"和"忽冷忽热"的现象。通过"逐村
观摩、整乡推进、整县提升"活动的开展，市县两级更加重视乡镇党委班子建
设，在干部导向、工作导向上更加注重向基层倾斜，通过强化市县抓乡镇的领导
责任、乡镇抓村的直接责任，牢固树立责任在村、阵地在村的意识，引导乡镇党
委把精力和重心放到抓村上来，健全完善了乡镇党委负总责、党委书记为第一责
任人、班子其他成员分工负责的基层党建责任体系，抓住了乡镇党委书记这个
"关键人"。另外，乡镇设立了党建工作办公室、配备专职党务工作人员，乡镇
党委配备的抓党建的专职副书记、组织委员开始专职专责抓党建工作。活动开展
的过程中，县区委组织部门成立督导组，全程参与被督导乡镇的党建观摩活动，
从而压实了基层党建工作责任、激活了基层党组织的神经末梢，解决了党建工作

---

① 刘一宁、陈小平：《激活党组织的"神经末梢"——河南省"逐村观摩、整乡推进"活动工作综
述》，《河南日报》2018 年 1 月 16 日。

上热中温下冷的问题。柳河镇五卜村支部书记宋美金说，刚担任村党支部书记时，对农村基层党建认识上不足，总认为基层党建就是抓党员发展、收缴党费等具体任务，通过观摩感觉责任大了担子重了，每次观摩通过点评、自评和观摩过程中指出的问题，必须认认真真建立台账落实整改，下次观摩前首先是亮出来观摩整改情况，不然在下次观摩中没法向大家交代。

2. 党建工作不平衡

不平衡是世界的普遍现象。党建工作不平衡、整体质量难提升是农村基层党建面临的第二大难题。由于地理区位、经济基础、资源禀赋、村民素质、基层组织带头人能力水平以及历史遗留问题等因素差异，农村基层党建基础和工作质量参差不齐；有的地方抓党建习惯搞"盆景"，无心建"风景"，在抓点上投入较多，虽然选树了典型，但面上推广不够，可复制性不强；有的抓了"两头"却忽略了"大多数"，中间层面没有带动起来，农村基层党建"强在点上、弱在面上"的局面没有得到根本改变，不平衡的问题较为突出。在宁陵县，基层党建工作质量也是参差不齐，前期党建工作基础好的、集体经济支撑有力的、基层组织带头人素质水平高的，村党建工作质量相对高一些。相反，前期党建工作基础较差、集体经济支撑乏力、基层组织带头人素质水平低一些的村，党建工作面临的困难就多一些，农村基层党建工作整体现状是点强面弱。"逐村观摩、整乡推进、整县提升"活动把工作的落脚点放在"整"字上，确保全县不落下一个乡镇，确保每个乡镇不落下一个村。这种全覆盖、过筛子式的观摩评比方式，使每一个村的每一项党建工作都要接受观摩检查，都能得到关注和帮助，尤其是短板弱项、问题难点逐一登记造册，建立工作台账，限期整改，挂牌督办，实现了整体的提升和改进，使高质量党建村由原来的星星之火到现在的燎原之势。提到通过"逐村观摩、整乡推进、整县提升"活动促进基层党建工作全面进步、整体提升，华堡镇党委书记赵亚很有感触，以前党建工作检查少，镇里投入资金造几个盆景，打造几个亮点就行了，现在是每季度结束后，县委组织部还开展乡镇与乡镇互评，互评村县委组织部统一组织随机抽取，县领导和全县乡镇党委书记参与观摩，观摩结果还要在主流媒体公布，所以观摩倒逼我们以点带面、整体提升、均衡发展。

3. 党建与业务难融合

党建核心工作与业务中心工作难融合，"两张皮"是农村基层党建面临的第三大难题。由于就党建说党建，为了完成任务抓党建，把党建工作和中心工作分割开来，导致党建工作和中心工作难以融合，抓党建与抓发展"两张皮"的现象还不同程度地存在，个别地方基层党建领域形式主义问题有抬头的迹象。就党建谈党建，为了完成任务抓党建，把党建工作和中心工作分割开来的做法是一直以来农村基层党建质量不高的一个重要原因。逐村观摩活动开展以来，一些地方围绕基层党建重点任务和县委政府中心工作，每季度观摩在结合省市委组织部要求内容基础上，均自选活动主题开展观摩。

持续深化观摩活动，延伸观摩触角，发挥"党建＋"优势，促进党建与各项工作深度融合。通过"党建＋脱贫攻坚""党建＋乡村振兴""党建＋环境整治""党建＋扫黑除恶""党建＋电商扶贫""党建＋人才培养""党建＋互联网企业运营""党建＋双创"的模式创新，实现了党建与各项工作的深度融合，从而真正解决了党建工作和中心工作"两张皮"的问题。关于以党建与各项工作深度融合，张弓镇小吕集村党支部书记吕岩说：过去我们村就党建说党建，很难把党建与各项中心工作相融合，"两张皮"问题比较突出，通过这 8 次的观摩，认识发生了很大变化，深深体会到了党建工作在助推中心工作中的作用，理解了党建工作归根结底是在做人的工作，党员干部自身素质水平提高了，做群众工作的能力强了，方向把稳了，目标一致了，党心民心凝聚在一起了，什么工作就都能干好了。抓党建的思路更开阔了、成效更明显了，村里建设了豫东地区第一家党建馆，以党建凝聚发展动力，带动脱贫攻坚、集体经济各项工作上阔步发展。

4. 党建作用难发挥

农村基层党组织是党在社会基层组织中的战斗堡垒，是党的领导延伸到基层的重要载体，是党在农村的全部工作和战斗力的基础。农村党支部的战斗堡垒作用与农村党员的先锋模范作用难发挥，是农村基层党建面临的第四大难题。由于党内政治生活不规范，组织活动形式和内容单调，导致个别农村基层党组织政治功能不突出、组织力不强，存在弱化虚化边缘化的倾向，战斗堡垒作用难以发挥；加之党员教育管理不到位，普通党员参与积极性不强，部分农村党员先锋模范作用发挥不明显。

逐村观摩活动围绕"两学一做"制度化常态化、抓党建促脱贫攻坚、发展村级集体经济、软弱涣散基层党组织整顿等重点工作，以及主题党日活动、党员"双量双评"、党员进党校上党课、党员联系农户、党员户挂牌、承诺践诺、设岗定责等进行观摩，紧盯问题，建立台账、限期整改。使基层党组织的组织设置、班子队伍建设、党员教育管理、党内组织生活、为民便民服务、场所建设等逐步过硬，党组织的政治功能越来越强，党员的身份意识越来越高，农村基层党组织的战斗堡垒作用和党员的先锋模范作用进一步得到发挥。比如黄岗镇魏营村2018年村"两委"换届期间，没有选出村党支部书记，村干部分工不明确，各项工作开展滞后，被县委组织部列为软弱涣散村，通过整顿，罗松林被选举为村支部书记，他首先从健全机制入手，面对繁重的脱贫攻坚任务，明确了每名干部职责，重新进行了分工，每名无职党员也进行了设岗定责，全部参与到村内事务上中。通过逐村观摩活动中锻炼了队伍，村干部们都干劲十足，大家都明白了一个支部就是一座战斗堡垒，一个党员就是一面鲜红的旗帜。后来，该村在脱贫攻坚、村容村貌、环境治理等各项工作都走在了黄岗镇前列。

（三）影响农村基层党组织建设质量的主要因素

基层党组织建设是一项复杂的系统工程，主体上包含党组织、党员、干部等方面，内容上涵盖思想建设、组织建设、作风建设等多个层面。影响基层党组织建设质量的因素也是多方面的，是思想认识、体制机制、方式方法、基础保障等多种因素综合作用的结果。

1. 思想认识不到位

思想认识的不到位是影响基层党组织建设质量的重要因素。在现实生活中，部分领导干部由于政绩观偏差，对基层党建工作的重要性和紧迫性认识不足，"重业务、轻党建"，使党建工作处于"讲起来重要、做起来不重要"的地位；个别党员干部将党建等同于"党务"，使基层党建工作停留在收收党费、念念文件等较为粗浅的形式上，缺乏吸引力和生命力；一些党组织带头人因为年龄、文化程度等原因，改革创新意识薄弱，存在不愿抓、不会抓的"本领恐慌"。质量标准的缺失也是影响基层党建质量的潜在原因。一些地方在抓基层党建过程中由于质量意识模糊、质量标准不清，对于基层党组织平时该干什么、怎么干、干成什么样等没有相应的操作细则和考评标准，导致基层党建工作没有目标和参照；一些地方在抓党建过程中也设定了一些评价和考核标准，但这些要么是难以衡量的"软性指标"，要么过于偏重材料留痕或硬件量化，偏离了实质性作用发挥的正确导向。质量标准的不清和不合理，影响了基层党组织建设质量的提升。

2. 体制机制不健全

一些地方基层党建质量不高，还得从体制机制上找深层次的原因。

首先，在管理体制上，抓党建应该是全党上下共同的责任，特别是所在地方党委应该承担主体责任。但现实中，基层党建的主要职责还是落在地方组织部门的个别处（科）室上。由于人手不足、精力有限，它们很难承担起大量党员的教育管理监督工作。

其次，由于主体不明、隶属不顺、条块分割、多重管理等问题的存在，个别地方基层党建中依然存在着重管漏管、重建轻管的现象。例如，有的企业按照属地由街道兜底管理，按照行业又受工商部门管理，多头管理直接影响了党建责任的落实。

最后，良性的基层党建工作格局应该是上下协同、内外合力的结果，但由于越往基层掌握的资源越有限，加之普通党员内在的积极性不足，一些地方抓党建只能通过上级加压推进，重视程度和实际效能层层递减，导致"上热中温下冷"问题突出。从机制方面讲，一些地方在党建责任传导机制、带头人队伍选配机制、党员教育管理机制、联系服务群众机制等方面，由于制度化和长效化不足、适应性和灵活性较差，导致基层党组织活动形式和内容单调，也直接影响了基层组织建设的整体质量。

3. 方式方法创新不足

党的建设是一项政策性、专业性较强的工作，需要掌握一定的方法和策略，运用一些创新性的手段。现实中，一些基层党组织建设质量不高，与方法不当和手段不足也有一定的关系。

一方面，一些地方在指导基层党建工作中，由于缺乏统筹协调和分类指导，无法兼顾整体推进和重点突破，导致"眉毛胡子一把抓"，"撒胡椒面"和"一刀切"现象严重；有的地方在抓党建过程中没能把握好不同领域、不同地域基层党组织建设的普遍性和特殊性，出台的措施大而化之，针对性和有效性不强；一些地方因为缺乏顶层设计和质量评估，虽然基层党建实践创新花样百出，但生命力和持续性不强，巨大的党建成本投入没有转化成实际的效能。

另一方面，随着互联网时代信息传播方式和工作生活方式发生巨大变化，开展基层党建工作单纯靠过去传统的组织动员方式和教育管理模式已经难以适应新的形势；如果不能适应这些挑战，那么随着社会流动性增加而带来的会议组织难、流动党员管理难等问题就无法得到解决，传统的教育培训方式也会因为时间和空间的限制而使效果大打折扣。

4. 外部环境影响制约

基层党组织并非生活在真空之中，其建设质量受到所在的环境、条件等各方面因素的影响和制约。市场经济条件下，党面临的长期执政考验、改革开放考验、市场经济考验、外部环境考验是长期的、复杂的、严峻的，精神懈怠危险、能力不足危险、脱离群众危险、消极腐败危险也是客观存在的，这些都会在基层党组织和普通党员干部群体中有所体现和反映，特别是腐朽思想文化和商品交换原则被引入党内政治生活中，由此带来的贪污腐败和违纪违法现象必然影响党的建设质量。随着市场化、工业化、城镇化进程的不断加速，社会利益主体日益多元、群众诉求复杂多样、价值观念多变，特别是社会流动性大大增强，过去主要依托行政权力实施的"单位制党建"面临挑战，一些地方基层党建工作经费和活动场所缺乏必要保障，党组织对资源控制能力的减弱不可避免地会使它对普通民众的感召力下降，这也是导致基层党组织建设质量不高的客观原因。

第四节　提高农村基层党组织建设质量的路径参考

2017 年以来，河南省委组织部在全省范围内持续开展农村基层党建"逐村观摩、整乡推进"活动，通过村村观摩、乡乡评比，实现了观摩全覆盖、问题大起底、整改促提升，有力地推动了农村基层党建全面进步全面过硬，为新时代全面提高农村基层党组织建设质量，扎实推进抓党建促脱贫攻坚和乡村振兴，探索出了一条具有自身特色的实践路径。

（一）河南"逐村观摩"推动农村基层党建全面过硬

1. 实施背景

全国组织工作会议指出，"加强党的基层组织建设，关键是从严抓好落实"，这为我们抓好基层党建工作提供了根本遵循，指明了努力方向。长期以来，我们通过督导、暗访、抽查等形式，督促各级党组织履行抓基层党建责任，推动各项工作落实。但对于河南 4.6 万多个农村基层党组织而言，这种传统工作方法很难做到精准化、精细化、经常化地管理指导和"灌溉培育"。

近年来，为进一步抓细抓实农村基层党建工作，一些市县探索实施"巡回观摩"，以项目化的理念方法推进基层党建工作，将"软任务"变成了"硬指标"，逐步形成了"按项目抓工作、以观摩促落实"的良好态势。但在推进过程中，还不同程度地存在重点轻面、覆盖不全的问题，尤其是一些地处偏远的村成为工作"空白点"。鉴于此，我们在深入调研论证的基础上，对各地经验做法进行总结提炼，形成了基层党建"逐村观摩"的基本工作思路，即以行政村为基本单位，以乡镇党委为实施主体，结合各地阶段性重点任务，每季度围绕一个主题，逐一对每个村"过筛子"，通过摸清情况、查找问题、督促整改，推动农村基层党建水平整体提升。

2017 年 8 月，全省第二次抓党建促脱贫攻坚工作推进会强调，要重点抓好"逐村观摩、整乡推进"，促进农村基层党建全面进步全面过硬，正式拉开了全省农村基层党建"逐村观摩"活动的序幕。

2. 主要做法

做好顶层设计，五级联动推进。省委组织部制定印发通知，对开展观摩活动的目标任务、工作标准、组织形式、时间安排等内容作出统一规定，明确各级责任，督促层层落实。各省辖市制订专项工作方案，并召开现场推进会、交流会进行安排部署，指导县乡迅速行动。各县（市、区）制定"路线图""时间表"，建立观摩责任清单、任务清单，统筹协调推进。各乡镇党委书记带队上阵，各村党组织书记全员参加，对所有行政村逐一观摩。

规范程序步骤，认真组织实施。各地精心组织，一般按照"看—查—听—评—谈—改"的步骤开展观摩。一是实地查看。重点看活动场所建设、环境综合整治、产业经济发展等可视性内容，对基层党组织作用发挥情况进行直观了解。二是查阅资料。重点查看基层党建工作有关档案资料，全面了解"三会一课"、支部主题党日、组织党员日常学习等制度落实情况。三是听取汇报。观摩村党组织书记现场述职，汇报村级组织建设、产业发展、脱贫攻坚、环境治理等工作开展情况。四是集中评议。观摩团成员对所观摩村现场打分，观摩结束后，召开集中点评会议，由乡镇党委书记逐一进行点评，点出优势、指出不足，帮助厘清发展思路，明确下步整改方向。五是表态发言。各乡镇党委根据评比结果，奖励先进，鞭策后进。后进村党组织书记上台表态发言。六是整改提升。各村党组织书记认领问题清单，建立工作台账，强化整改销号，确保观摩不走过程，取得实实在在成效。

严格督导考评，夯实责任压力。一是夯实第一责任。把"逐村观摩"活动推进落实情况，作为市县乡党委书记抓基层党建工作考核述职评议的重要内容，压实各级党委书记抓基层党建工作的第一责任人责任。二是全程跟踪督导。指导市县组织部门派出指导组、观察员对各乡镇观摩评比活动进行跟踪指导，及时引正纠偏，发现解决问题，总结经验做法。三是强化结果运用。将观摩落实情况与乡镇党委书记年度考核和绩效奖惩挂钩，县（市、区）党委组织部将乡镇党委书记落实观摩等党建任务有关情况报省辖市委组织部备案，作为干部使用参考依据。四是通报工作情况。将工作通报制度贯穿观摩全过程，县（市、区）党委组织部对各乡镇观摩部署组织、落实质量等情况进行通报。要求通报聚焦突出问题、见人见事，通报情况向省市党委组织部逐级备案。

3. 初步成效

"逐村观摩、整乡推进"开展以来，河南各地通过统筹联动推进，完善工作机制，创新方式方法，农村基层党建工作责任链条进一步完善，活力进一步释放，初步形成了抓农村基层党建的责任传导机制、检验提升机制、竞争激励机制，产生了以高质量基层党建推动农村经济社会高质量发展的良好态势，取得了积极成效。

一是压实了各级责任。"逐村观摩"传递出大抓基层的鲜明导向，构建了上下联动、齐抓共管的农村基层党建工作责任体系，形成了五级联动抓党建的强大合力，成为全面从严治党向基层延伸的有效抓手。不少乡镇党委书记说，"逐村观摩"传递出大抓基层的鲜明导向，使党建责任、党建工作落到了实处、见到了实效，基层党建工作有了更加管用的抓手。

二是解决了实际问题。"逐村观摩"有利于破解长期以来农村基层党建领域存在的责任难落实、发展不平衡、抓党建与抓发展"两张皮"等各种现实问题，并通过整改提升促进农村基层党组织建设和党员队伍管理的标准化规范化，夯实乡村两级基层党组织的力量基础，实现农村基层党组织效能发挥的最大化。通过对每个农村基层党支部建设的"过筛子"式观摩评比，不仅进一步摸清了底子，找准了问题，同时夯实了县委抓乡促村主体责任，强化了乡镇党委抓村直接责任，推动农村基层党组织建设各方面工作取得了良好成效。

三是促进了中心工作。"逐村观摩、整乡推进"搭建了基层党建引领乡村社会治理和带动农村经济社会全面发展的融合促进平台，是新时代坚持和加强党对农村工作的全面领导、以高质量党建促进农业农村工作全面提升的有力抓手，已经成为引领脱贫攻坚、乡村振兴的重要引擎。实践证明，"逐村观摩"活动是推进农村基层党组织标准化规范化建设的有效途径，是推进农村基层党建全面进步全面过硬的有力抓手，是推进农村各项发展改革任务落地见效的有益探索。

四是营造了浓厚氛围。"逐村观摩、整乡推进"激发了各级党组织书记抓农村基层党建工作的积极性，点燃了农村党员、干部群众参与乡村振兴的热情。每轮观摩结束后，县与县之间、乡与乡之间、村与村之间自发相互走访、沟通交流。有的村支部书记感慨地说，观摩中自己红了几次脸、低了几次头，同时也立了一回志，营造了知耻后勇、加压奋进的浓厚氛围，增强了基层党组织的事业心和责任感。

（二）信阳市"逐村观摩、整乡推进"工作调查与思考

按照河南省委组织部工作安排，笔者所在的课题组于 2019 年 7 月 15～17 日赴信阳市平桥区就农村基层党建进行了专题调研，期间全程参与了平桥区彭家湾乡金河村、朱岗村、潘寨村、陈寨村四个行政村的农村基层党建"逐村观摩、整乡推进"工作。调研结束后，又于 17 日上午在驻地召开了座谈会，现场听取信阳市、平桥区组织部门和基层乡镇党委书记的工作汇报和相关意见，形成如下研究报告。

1. 主要做法

近年来，平桥区牢固树立大抓基层、大抓支部的鲜明导向，以开展"逐村观摩、整乡推进、全区提升"活动为抓手，以实施"严乡强村育新计划"为主线，在常态长效、提质增效上下功夫做文章，形成了以高质量党建促高质量发展的生动活泼局面。

坚持三级联动，夯实主体责任。一是强化乡镇党委主体责任。把"逐村观摩、整乡推进"活动纳入乡镇党委书记抓基层党建工作述职评议考核，由乡镇党委负责制订具体实施方案，明确观摩内容、观摩时间、观摩方式、观摩要求四个方面重点任务，乡镇党委书记亲自带队观摩，确保有序推进。二是强化村党组织具体责任。明确村级党组织开展观摩活动的具体责任，对村党组织书记现场介绍讲解、集体经济发展、基础设施建设、人居环境改善、村"两委"日常运转等提出明确要求，确保工作成果有效展示、观摩活动不走过场。三是强化组织部门督导责任。市、县委组织部门分别成立观摩指导组，全程参与督导乡镇观摩活动，及时指出存在问题，总结经验做法。建立微信群，及时发布各乡镇观摩活动进展情况，营造浓厚的观摩检查、学习交流氛围。建立逐级约谈制度，对进度迟缓、敷衍应付的主体进行通报约谈，有效传导责任压力。

明确观摩重点，创新观摩方式。一是明确观摩重点。每季度确定一个主题，对所有村逐一进行观摩，突出抓好带头人选配、软弱涣散基层党组织整顿、党的工作阵地建设、村级集体经济发展、新型农业经营主体培育等九项内容，进一步细化量化工作标准，由乡镇（街道）党（工）委书记、专职副书记、组织委员、党建办人员、村党组织书记、乡镇有关站所（部门）负责人等组成观摩团，抓准压实工作责任，确保观摩效果。二是细化观摩流程。明确"规定动作"，以乡镇党委为实施主体，以"五有"（有观摩方案、有评分细则、有排名通报、有整改台账、有影像资料）为标准，以"六步工作法"（一看基础建设、二查档案资料、三听工作介绍、四问情况问题、五评先进后进、六促整改提高）为手段，推动基层把工作重心和精力放在抓日常、打基础上来。三是创新观摩方式。鼓励"自选动作"，引导各乡镇因地制宜，组织开展形式多样的集中性观摩活动，提高观摩实效。邢集镇采取每月逐村解剖麻雀式观摩，使观摩更精细、整改更精准；彭家湾乡建立"流动红旗"观摩评比制度，让各村学有榜样、追有目标。如选树典型"示范式"观摩，根据乡村创新性特色性经验做法，分领域开展专题观摩，2018 年以来，先后召开区级专题观摩会 10 余场；乡镇互检"交叉式"观摩，分片区组织乡镇对各村进行交叉观摩检查，以互查得分评价支部，以支部总分评价党委，建立起学习交流、检查整改、跟踪问效的常态化党建工作机制；开拓视野"取经式"观摩，先后组织乡镇组织委员、村党组织书记、驻村第一书记等 6 批 500 多人次，赴新乡、林州、兰考等地观摩学习，收到了以学促思、以学促干的良好效果。

完善激励机制，督促整改落实。把逐村观摩与奖惩捆绑挂钩，持续完善正向激励和反向约束配套机制，有效地增强了基层党组织事业心和责任感。一是与村党支部争创"五面红旗"挂钩。以基层党建、脱贫攻坚、产业发展、美丽乡村

（文明创建）、社会治理为主要内容，每半年由区委组织部牵头评选一次，每评上一面"红旗"，村支书、村委主任、其他"两委"成员月报酬分别上调500元、400元、300元，多得旗多奖励。二是与村班子绩效考核挂钩。实行分类管理、动态升降，每季度进行一次观摩打分排队。2018年共评出"一类村"31个、"三类村"32个，以乡镇为单位兑现工作经费和奖惩绩效，推动形成了责任倒压、任务倒逼、时间倒排的工作机制。三是与村干部评先晋升挂钩。强化结果运用，作为村干部评选先进、推选"两代表一委员"、参加公务员和事业单位人员招考的重要依据。2019年7月初，3名表现优秀的村干部脱颖而出被招聘为乡镇事业单位人员。同时，2019年6月还制定出台了《平桥区不称职村干部"停职教育"暂行办法》，对工作不作为、不称职的给予10天至3个月的"停职教育"，停职期间停发基本报酬，有效传导责任压力。四是以"三问三促"为抓手，督促观摩中发现问题的整改和落实。随机选取3个乡镇（街道）、5个村（社区），详细了解各方面情况，点出工作推进中的问题和不足，推介其他地方的先进做法经验。严格落实"日报告、月通报"制度，灵活采取实地暗访、微信提醒、电话抽查等方式，全程参与跟踪督导，坚决避免弄虚作假、敷衍应付等现象。充分利用微信群等平台，让各乡镇晒进度、比成效。对观摩走过场、流于形式的乡镇，区委组织部进行通报批评，真正将严要求贯穿各环节和全过程。

2. 基本成效

信阳市平桥区通过扎实开展"逐村观摩、整乡推进"活动，推出了一批好经验好做法，形成了以点带面、示范引领效应，夯实了基层基础，有力地推动了农村基层党建全面进步全面过硬。

一是基层党建工作水平有力提升。突出问题导向，把整改解决问题贯穿观摩全过程，抓好"三会三改"，即观摩组现场召开点评反馈会，逐项立单子，推动常规问题即知即改；乡镇每周召开工作例会，逐村建台账，推动重点问题限期整改；全区每月召开通报推进会，逐乡挂号销号，推动难点问题跟踪整改。通过层层抓整改，有效转化一批后进党组织、提升一批一般党组织、扩大一批先进党组织，促进了基层党建工作平衡发展、全面进步。

二是基层阵地建设有效加强。区财政投入3000多万元，专项支持村级活动场所建设，高标准新建400平方米的村级党群服务中心40个，规范提升120个，使基层阵地综合功能和服务水平得到明显增强。

三是村级集体经济长足发展。作为非贫困县，不等不靠，持续加大"输血"力度，增强村级组织"造血"功能。区财政累计投入扶持资金4035万元，全面消除了集体经济"空壳村"，初步探索了村企合作、物业租赁、筑巢引凤、旅游服务、入股分红"五类型"发展模式，有力增强了村党支部带领党员群众干事创业、加快发展的信心和干劲。

四是村级队伍整体素质明显进步。以观摩为磁场，积极发现、吸收和聚集优秀人才，大力实施"三个培养"计划，努力把产业发展带头人培养成党员、把党员培养成产业发展带头人、把党员产业发展带头人培养成村干部，全区筛选储备了605名"红领新青年"村级后备干部，其中在村实岗锻炼224名，为基层组织带来了新鲜血液。

五是与基层党组织生活不断规范。坚持和完善每月10日"党员活动日"制度，按照"月月有主题、村村有活动、人人都参与"的目标，2019年以来先后组织开展"民主评议强党性·组织生活聚合力"、乡土人才"爱家乡·看变化·感党恩"等"主题党日＋"活动，使党员活动日成为落实党内组织生活制度、联系服务群众的有效平台。

六是经济社会发展质量稳步提高。通过在观摩中下移重心，下沉力量，下放资源，盘活了农村发展"一盘棋"。坚持把党旗插在乡村一线，筹资12亿元开展道路整修、安全饮水、危房改造、环境治理、文化提升等9项任务大会战，2019年先后承办了全国农村危房改造脱贫攻坚工作、全市农村人居环境整治工作现场观摩会，乡村振兴的美丽画卷正在平桥大地徐徐展开。

3. 存在问题

一是统筹推进还不平衡。从近年来观摩的总体情况看，各乡镇对一些基础较好的村党建工作比较重视，但对一些基础薄弱的村统筹推进的力度还不够，还没有能够真正做到抓两头、带中间，促进基层党建工作村村过硬、全面提升的良好效果。

二是思想认识还不够到位。观摩活动的核心是找问题、解难题，但个别地方还不同程度地存在"走马观花"的现象，仍然存在形式主义问题。

三是党建特色不够凸显。虽然通过开展"逐村观摩"，各村党建工作有了很大提升，"党建＋"氛围也随处可见，但存在"照搬硬套"的现象，没有结合各村实际，形成党建特色。

四是抓党建上创新动作少。有的村多局限于开开会、学习学习文件，缺少灵活多样、富有吸引力的载体，造成党内活动组织难、组织少。比如，在党员联系贫困户工作上，有的仅仅停留在制度帮扶、挂名帮扶，缺乏实质性动作、实质性成果。

原因分析：

一是当前我国处于扶贫工作等"三大攻坚战"的关键阶段，来自上级的各项工作的最终完成都离不开县乡两级党委政府的具体实施，作为越来越虚功实做与强调"抓党建促工作"效果的党建工作做起来压力大、阻力大、责任大，加上其他重点工作繁重艰巨并且耽误不得，因而县乡基层常态化出现各项工作忙不过来超负荷运转而出现或心有余而力不足，按照要求开张做勉为其难。

二是作为河南近两年来刚开始的组织实施的创新忄生党建活动，相关的理论准备还不够充分成熟，也没有现成的经验可供学习借鉴，造成在实际工作开展中不可避免出现认识不到位与工作有偏差的问题，存在工作方法上走弯路与工作结果有争议的地方。这直接导致农村县乡基层主要精力放在完成上级要求必须做到的"规定动作"，在冒险创出自身特色的"自选动作"探索方面动力不足。

三是农村基层特别是村党支部的确存在各自发展基础与条件不同的客观实际。对一些县500多个行政村而言，客观存在着处于好中差等不同发展层次的村，村干部认识水平与工作能力的差别也很难短期内改变。有的村支部战斗力凝聚力强，党建"责任田"生机盎然、朝气蓬勃；有的村支部像"懒庄稼汉"一样，对自己的党建"责任田"不及时"浇水"，也不及时"施肥"，导致"责任田"杂草丛生；有个别"问题村支部"甚至把自己党建"责任田"丢弃一边，不管不问，需要责任倒逼促进整改。

4. 意见建议

通过深入调研和座谈交流，我们认为，"逐村观摩、整乡推进"是落实全面从严治党主体责任、推动从严治党向基层延伸的有效途径，是夯实基层基础工作、以基层党建引领脱贫攻坚和乡村振兴的有力抓手，是破解农村基层党建长期面临的"点强面不强"突出问题、推动农村基层党建全面进步全面过硬的有益探索。总体来看，"逐村观摩、整乡推进"是一个既符合中央精神，又结合地方实际，且符合基层需要的好机制好做法，亟待总结经验形成制度，并使之转化为基层党建的自我需要和自觉行为。与此同时，必须清醒地认识到，不可能指望一个制度解决基层党建面临的所有问题。调研中也发现一些现实问题，并在此基础上提出一些意见建议，以便于这项工作的更好开展。

一是规范概念，明确"逐村观摩、整乡推进"的标准称谓。目前，"逐村观摩、整乡推进"这一工作机制在基层还存在不同称谓的泛化问题，有必要予以规范化，以利于在更高层面总结推广。紧扣中央"抓乡促村"的意见精神，结合基层这项工作的实施主体，我们认为，"逐村观摩、整乡推进"八个字即可表明这项机制的主要内涵和基本特征。"整县提升"无非是整乡推进这项工作的必然结果，且容易出现与县一级平行的"整市推进"（县级市，且还不少）或者"整区推进"（城市建成区）等多种表述。同时，加上"整县提升"变成 12 个字，也会略显冗长，不利于上级文件采纳和学术研究推广。

二是降低频率，着力解决观摩全覆盖的问题。调研中发现，每季度搞一次"逐村观摩、整乡推进"活动，也就意味着半年搞两次，一次搞四次，总体安排略显紧凑急促。一方面，一些大的乡镇下属行政村多的有近 40 个，少的也有 20 个左右，"逐村观摩"一天走完几乎不可能，两天观摩完也不太现实，容易走马观花，助长形式主义之风，加重基层负担；另一方面，对于观摩中发现的问题，如阵地建设、集体经济培育、人居环境整治等，要求村级 3 个月内全面整改"大变样"也不太现实，需要给基层干事留出一定的时间和空间。因此，建议"逐村观摩"每半年左右搞一次，每次既要选树典型看好的亮点村，也要选择一些情况较差、困难较多的软弱涣散村，通过抓两头带中间，在保证覆盖的同时提高观摩的成效。

三是确定主题，每次观摩聚焦一项基层基础工作的主题内容。常态化高频率的逐村观摩，如果没有一个契合实际的阶段性主题，容易产生"审美疲劳"，影响观摩的持久性和生命力。调研中发现，省委组织部和地方组织部门在开展这项活动中结合实际确定的围绕村两委换届选举开展回头看、利用春节期间开展乡土人才联络和回归工作等观摩主题，既契合地方实际，又符合现实需要，应当予以坚持。此外，每次观摩前应根据党和国家出台的基层基础工作政策意见，坚持问题导向和实际出发，确定有针对性的主题，并允许基层创新添加"自选动作"，以便于观摩活动的更好开展。

四是聚焦重点，树立集中观摩看什么的正确导向。调研中发现，时间紧节奏快的观摩行程，容易导致观摩团在一个行政村短时间内主要还是"看展板、看阵地、看档卡"等容易看得到的东西，而对那些产业发展、集体经济、村容村貌、班子活力、队伍素质、组织生活规范化程度、人民群众评价意见等不容易看得到的方面，则会有意或者无意地忽视或者淡化处理，影响观摩的整体效果。建议聚焦农村基层党建基本组织、基本队伍、基本活动、基本制度、基本保障等政策落实情况和作用发挥情况，围绕农村产业发展、环境整治、社会治理、乡风文明等方面的现实问题，确定观摩的内容和重点，并综合运用"看—查—听—评—谈—改"等步骤，确保观摩不走形式不走过场。

五是推动整改落实，确保观摩取得实际效果。逐村观摩的目的，是通过总结经验、发现问题、督促落实，以推动农村基层党建全面进步全面过硬，从而为夯实党在农村的执政基础、以基层党建高质量推动农村经济社会高质量发展锻造坚强的领导核心。因此，观摩本身不是目的，甚至抓党建本身也不是目的，通过观摩激发干部队伍活力，调动各方面积极性，促进农村全面发展和乡村全面振兴才是目的。对于观摩中发现的农村基层党组织人才队伍青黄不接的问题、流动党员管理难的问题、离任村干部待遇的问题、困难老党员的关怀问题等，谁去最终落实和具体整改是观摩取得实效的关键。要强化结果运用，明确整改责任，梳理共性问题，建立整改台账；加强顶层设计，鼓励探索创新，盯着整改抓落实，确保逐村观摩达到整体提升的效果。

六是提高观摩质量和效率。提高观摩质量，可以从观摩的范围和层次上着手。逐村观摩，向上升级到县级"逐乡观摩"和市级"逐县观摩"，层层传导压力和动力，向下可以延伸到村里逐户观摩，特别是到先进党员户和致富户观摩，到思想落后户和贫困户观摩，让大家看到差距，进行交流互助。逐村观摩的人员构成要更多元化。村支部书记自然是最重要的观摩人员，同时可以增加村两委干部、驻村代表、党员代表，群策群智，通过观摩发现更多的问题，找到更多的思路。也可以有针对性地邀请县级领导和农业农村、住建、环保、文化等相关行业部门专家型人才参加，对村级集体经济发展、村室建设、党建文化广场等基础设施方面存在的问题，提出专业化的意见建议，以便进一步提升。提高观摩效率，可以从观摩的时间和空间上着手。每个乡镇一般有几十个行政村，一次逐村观摩一般需要 3 天左右，有的地方 1 天时间观摩了八个行政村，这种节奏日程排得太紧。既要让逐村观摩发挥应有的作用，又不能流于形式，建议逐村观摩有更灵活、更合理的时间安排。比如，每个季度小观摩一次，每半年大观摩一次，小观摩的内容可以单一一些，人员不用很多，重点放在问题村、后进村，大观摩的内容可以广泛一些，让更多方面的人参与，各村全覆盖。同时，为了提高效率，也可以采取空间交叉的方法，乡东部的几个村观摩西部几个村，或者乡南部村观摩北部村，因为邻村都很熟悉，大家感觉没什么看的，兴趣不大，"远方"会引来更多的关注。

七是激发干部和党员内生动力。逐村观摩是为了加强基层党建，推动共同发展。建强每个村党组织，支部书记是核心，党员干部是关键，激发他们的内生动力非常重要。让他们有更多的担当精神。要抓好农村基层干部思想政治建设，不断加强党性宗旨教育、党规党纪教育、警示和示范教育、党内政治文化教育，锤炼政治品格和担当精神。给他们更多的荣誉和发展空间。奖励不应该只是物质的，更应该是精神的。我们在调研时了解到，尉氏县庄头镇对于在逐村观摩中出色的村支部书记，让他参与镇里的党政联席会议，这是一种很高的政治待遇，所以这个村党支部书记更有干劲了。为他们提升素质能力创造条件。在调研时，我们深切感受到基层干部发展的渴望、学习的热情，他们希望开阔视野、开拓思路，提升能力，希望适时组织各村党支部书记外出观摩，学习培训，增长见闻，提高素质，推动各项工作再上新台阶。

八是强化督导和激励。实践证明，用活用好观摩评比结果，与基层组织党建工作年度考核、与党组织书记抓基层党建述职评议、村干部年度推优评优相结合，是一项行之有效的办法。让先进者露脸表彰、落后者红脸出汗。要强化激励奖惩。在乡镇层面，以乡镇为单位，根据每季度所辖行政村的观摩情况，对排在前三名的村给予一定的资金奖励，对后三名的村支部书记进行约谈，连续三次以上排在后三名的村支部书记坚决予以调整撤换。在县级层面，每季度对各乡镇的工作开展情况进行一次通报，对连续三次以上通报批评的落后乡镇党委书记进行组织处理。同时，将观摩落实情况与乡、村党组织书记年度考核和绩效奖惩挂钩，作为干部提拔使用的参考依据。另外，强化督导检查。县委组织部可采取经常性暗访的方式，对各乡镇、行政村在观摩过程中发现问题的整改落实情况进行实地暗访督导。也可以请党建专家、党员代表、新乡贤代表组成党建观察团，不定期或随时随地进行观察、督导。

第四章 村民自治与乡村治理现代化

在"三治结合"乡村治理体系中，自治居于核心地位，发挥着主体性作用。村民自治是健全乡村治理体系和提升乡村治理能力的核心内容和重要环节，也是我国基层民主政治制度在乡村治理领域的组成部分和实现形式。新时代推动乡村治理现代化，必须坚持自治为本，确立广大村民在乡村治理中的主体性地位，发挥基础性作用，通过不断加强村民委员会等农村群众性自治组织建设，巩固和发展村民自治制度，探索村民自治在不同地域的有效实现形式，努力做到治理为了村民、治理依靠村民、治理成果由村民共享。

第一节 探索村民自治有效实现形式

自治即自主治理，它是乡村治理体系的核心内容。在乡村治理中实行自治，是坚持以人民为中心的发展思想的直接体现。农民是乡村振兴的主体依靠力量，将农民组织起来是实行乡村振兴战略的基本前提，也是基础路径。实现乡村振兴，应在加强农民组织化的基础上，健全充满活力的村民自治机制，不断探索村民自治的有效实现形式，从而为村民参与治理搭建平台、拓展渠道、丰富形式，使乡村治理体现村民意志、保障村民权益、激发村民创造活力，依托农民主体性建设培育乡村社会内生发展动力，增强农民对于乡村治理的认同感、积极性和参与度。

（一）村民自治制度的发展历程

村民自治是人民当家做主在广大农村地区的重要实现形式，村民自治制度是中国特色基层民主制度的重要组成部分，符合我国国情特点和乡村基层民主的发展需要。村民自治是国家政权建设的产物，它接续了人民公社解体之后的基层组织建设，并在一定程度上延伸了士绅自治的传统。① 改革开放之初，随着人民公社体制的解体，这种发轫于农村的民主改革实践，逐步在全国范围内得以推广。1981 年，广西宜山县农民组建了全国第一个村民委员会。1982 年修改《宪法》时规定，"农村按村民居住地区设立的村民委员会是基层群众性自治组织"，由此确定了村民委员会的法律地位，书写了亿万农民在党的领导下走自治之路的新篇章。1987 年，《村民委员会组织法（试行）》颁布，1998 年九届全国人大五次会议修订并正式通过，以村民自治制度为基础的"乡政村治"治理体系得以最终确立。此后，村民自治在实践过程中不断完善、创新，为广大农村的发展和稳定奠定了制度基础，为亿万农民自主管理自身事务、依法直接行使法定民主权利搭建了制度平台。

我国村民自治的法律依据是《村民委员会组织法》，法定的村民自治组织主要是"村民委员会"。村民委员会是村民进行自我管理、自我教育、自我监督和自我服务的基层群众性自治组织，委员会实行民主选举、民主决策、民主管理、民主监督，对外起着联系乡镇政府和农民之间的桥梁作用。村民自治的实质是广大农民群众通过直接行使民主权利，自主办理自己的事情，创造他们自己的幸福生活，实行自我管理和自我服务，它是基层民主的实现形式，是基层基础性政治制度。直接民主是村民自治制度的灵魂，也是村民自治的最大特色，对我国民主政治发展最有可能做出制度性贡献。村民自治作为农村基层民主的实现形式和重要内容，同在城市实行的社区居民自治一起，共同构成中国特色社会主义基层民主政治建设的基石。实践证明，村民自治为维护社会稳定、促进农村经济发展和推动农村基层民主政治建设发挥了积极的作用，必须长期坚持和不断完善。

---

① 吴理财：《村民自治与国家政权建设》，《学习与探索》2002 年第 1 期。

（二）村民自治制度的现实困境

与此同时，经过 40 年的改革开放，农村经济社会深刻变迁，村民自治在实践中也面临着现实的困境和深刻的挑战。

一是农村人口和社会结构变迁削弱村民自治能力。随着城镇化和工业化的快速推进，城乡二元结构户籍制度出现松动，部分青壮年农民通过外出打工流入城市，农村留下大量"空巢老人""留守儿童"和少数妇女"三留守"人员。由于外出务工村民无法或者不愿参与村级事务，加之留守村民参与的意愿和能力又不强，这些导致村民自治的相关制度安排难以落实。村民（代表）会议形同虚设，民主选举质量降低，许多本应由村民会议决策的事项，实际上最终由部分村干部说了算，民主决策不能反映大多数人的意愿，一些地方的"村民自治"逐渐演变为"村干部自治"，严重影响了村民自治整体功能的发挥。与此同时，在一些农村，部分黑恶和宗族势力利用血缘等纽带，拉帮结派形成利益团伙，采取非正当手段违规干预村民换届选举，入侵渗透农村基层党组织和村民自治组织政权，给村民自治和基层民主带来极强的破坏力。

二是农村改革深化降低村民自治的自主性。逐步推广实行的家庭承包经营制度，在物质基础层面弱化了乡村之间的利益关联，使高度松散化、原子化的乡村社会难以形成对村级组织权威的认可。① 农村税费制度改革的不断深化，也无意中加剧了农民个体与村庄集体的疏离，农村社会的"个体化""原子化""空心化"等一系列新问题，都对村民自治制度提出了现实挑战。② 税费改革后，特别是精准扶贫战略实施以来，国家权力以资金项目、下派第一书记、加强农村基层党建、财政支付村干部报酬等途径全面介入乡村社会，进一步加深了村委会的行政化。③ 这种资源下沉、项目下乡和行政下移，使村民委员会逐渐被吸纳到体制内权力体系中，逐渐演变成乡镇政府在农村基层的工作"抓手"。村委会的行政

---

① 杜姣：《村治主体的缺位与再造——以湖北省秭归县村落理事会为例》，《中国农村观察》2017 年第 5 期。

② 吴理财：《中国农村社会治理 40 年：从"乡政村治"到"村社协同"——湖北的表述》，《华中师范大学学报》（人文社会科学版）2018 年第 4 期。

③ 景跃进：《中国农村基层治理的逻辑转换——国家与乡村社会关系的再思考》，《治理研究》2018 年第 1 期。

化，侵占了村庄民主政治的空间，削弱了村民自治的自主性，最终导致村民自治制度的悬空和虚化，在一定程度上降低了乡村治理的绩效。①

三是重选举轻治理弱化村民自治的治理功能。按道理说，村民自治包含着民主选举、民主决策、民主管理和民主监督四个要素环节，"四个民主"缺一不可，共同构成村民自治制度的完整意涵。但是，在民主话语体系中，选举被认为是民主的核心价值，民主程度的高低被异化为选举的有无，以致一些地方村民自治的实践主要集中在民主选举这一环节。由此，乡村治理绩效被化约为选举的民主水平和规范程度。在突出选举的价值取向影响下，村民自治制度一度被视为我国现代民主政治的逻辑起点，被赋予了自下而上推动民主化改革的重要使命。这一做法导致村民自治制度的异化，自治在运行过程中也出现了结构性失衡：村民自治沦为形式化的村庄选举，这种选举只有到换届时才运转起来，而相应的民主决策、民主管理和民主监督等功能，很大程度上被弱化和虚化了。②

四是乡政、村治边界不清导致村民自治组织行政化倾向加剧。《村民委员会组织法》规定，村民委员会是村民自我管理、自我教育、自我监督、自我服务的基层群众性自治组织。乡镇政府与村民委员会是指导关系而非上下级隶属关系。但从乡村治理中的另一主体来说，按照《中国共产党农村基层组织工作条例》的最新规定，农村党组织处于农村各种组织的领导核心地位，对乡村振兴发挥全面领导作用。从党内关系来讲，乡镇党委与村党支部是直接领导关系，村党支部与村民委员会也是领导与被领导的关系，甚至很多地方已经按照要求实行村党支部书记和村民委员会主任"一肩挑"。这样乡镇党委就可以以党内组织关系的名义对村"两委"直接下达指标、布置检查工作，以党组织之间的领导关系代替乡镇政府与村委会之间的指导关系，从而直接导致了村民委员会在实际运作中的"行政化"倾向，自治职能被削弱和虚化。此外，在现实中，行政村的村民委员会作为群众自治性组织，自治和行政功能两者兼具。一方面要组织农村群众参与村庄事务管理，另一方面要承担上级政府下派的各项行政指标和检查。但由于乡、村边界不明，加之职责不清，乡镇行政管理与农村村民自治之间缺乏必要的

---

① 李勇华：《乡村治理与村民自治的双重转型》，《浙江社会科学》2015 年第 12 期。
② 刘伟：《村民自治的运行难题与重构路径——基于一项全国性访谈的初步探讨》，《江汉论坛》2015 年第 2 期。

衔接与互动，使乡镇政府和村委会之间自由裁量空间过大，一定程度上加剧了村委会的"行政化"倾向，导致乡村关系出现"行政权"与"自治权"错位，这既影响了村委会自治功能的发挥，也降低了基层政府社会管理和公共服务的效能。

（三）村民自治有效实现形式的可行路径

上述情况表明，在我国广大农村已经运行了近 30 年的村民自治制度，迫切需要在新的历史条件下加以深化和完善。村民自治中出现的很多问题，表面上看是因为村民及村委会的自治权不能得到充分行使和有效保障，实质上是村民自治作为治理主体缺位、农民主体性缺失的后果。在新时代实施乡村振兴战略、推进乡村治理现代化的大背景下，必须把村民自治放在基层治理的整体架构中，不断适应新的形势和新的要求，深入探索村民自治的有效实现形式，从而为基层民主政治建设提供基础保证。

从理论上讲，村民自治可以而且应该是多层次多样式的。学术界对于村民自治有效实现形式的研究探索大致可归纳为"单元上移"与"单元下沉"两类。前一立场的学者认为，在现代化进程中，发达国家对农村基层建制单元调整的路径普遍是上移或扩大，原因在于扩大单元规模可以雇用到职业化和专门化的人才，进而提升公共管理的行政效率。[1] 他们认为以村民小组并非村民自治的有效实现形式，以单元上移的形式构建乡镇自治的形态，才是未来乡村治理的正确走向。[2] 持"单元下沉"观点的学者认为，自治单元划小到自然村或者村民小组能在乡村治理共同体重构、文化培育、群众参与、资源集中和政策落地等诸多方面凸显优势，从而提高自治效能。[3] 他们认为，随着治理主体规模的扩大，组织内部的利益关联趋于弱化，自治效力也逐步降低。村民小组或自然村的居民地域相近、利益相关、文化相连，具有共同体的基础且便于自治。[4] 村民小组或自然村

① 李华胤：《走向治理有效：农村基层建制单元的重组逻辑及取向——基于当前农村"重组浪潮"的比较分析》，《东南学术》2019 年第 4 期。
② 陈明：《村民自治："单元下沉"抑或"单元上移"》，《探索与争鸣》2014 年第 12 期。
③ 韩瑞波：《"片区自治"：村民自治有效实现形式的新探索》，《探索》2020 年第 1 期。
④ 徐勇、赵德健：《找回自治：对村民自治有效实现形式的探索》，《华中师范大学学报》（人文社会科学版）2014 年第 4 期。

内部基于地缘关系的人际互动，与以土地调整为基础的生产资料调配一起，构成了理想的"熟人社会"模式。① "单元下沉"成为指导地方村民自治实践的一种基础范式。

在实践中，各地结合实际开展了对村民自治实现形式的探索，不少地方由此实现了自治单元的下沉，村民自治的有效形式不断创新。近年来，在四川、广西、广东、湖北、安徽等地，先后出现了村民议事会、村民理事会等治理形式，这一载体源于基层群众的自发创造，和村民委员会制度一起，丰富了村民自治的有效实现形式，推动村民自治制度在实践中不断焕发生机活力。广东清远市的农村综合改革试验，将村民委员会下沉到村民小组一级，通过重心下移、行政与自治分离，努力克服行政村规模过大的问题，以此调动村民参与村庄自身治理的积极性和主动性。四川成都市在城乡统筹综合配套改革过程中，探索建立了以"村民议事会"为核心的农村基层民主治理机制。这一机制的最大特点，在于实现了村级治理决策权与执行权的分离、社会职能与经济职能分离，由此形成了一套党组织领导、议事会决策、村委会执行、其他经济社会组织广泛参与的"三权分立"、充满活力的新型乡村治理机制。湖北秭归县根据地域相近、文化相连、利益相关、群众自愿等原则，在群众自发创造的基础上，将自治延伸到村户一级，建设"幸福村落"，也是一种治理机制创新的有益探索。广西河池市及时总结屯民理事会经验，融入党建元素，形成"党群理事会"，发挥了基层党建在村民自治创新中的积极作用。这些先行试验为村民自治实现形式的创新提供了依据，有些探索也得到了中央认可和政策响应。②

在政策实践上，中央一号文件也提出要探索村民自治的有效实现形式的命题，2014 年的中央一号文件明确指出：农村社区建设试点单位和集体土地所有权在村民小组的地方，可开展以社区、村民小组为基本单元的村民自治试点。2016 年，《关于以村民小组或自然村为基本单元的村民自治试点方案》正式出台，并上升为国家的顶层设计，此后村民自治试点在实践领域不断推进。各试点单位在实践中不断创新经验，结合实际打造出一系列独特的村级治理模式。广东

---

① 李祖佩、杜姣：《分配型协商民主："项目进村"中村级民主的实践逻辑及其解释》，《中国行政管理》2018 年第 3 期。

② 韩瑞波：《"片区自治"：村民自治有效实现形式的新探索》，《探索》2020 年第 1 期。

清远县农村改革过程中突破了现有村民委员会的设置格局，撤销原行政村一级的村民委员会，鼓励在自然村或村民小组一级下沉设立村民委员会，可以说是村民自治实现形式的大胆创新。还有一些试点单位保持现有村民委员会设置格局不变，不撤销行政村村民委员会，而在村民小组或自然村增设村民理事会、议事会等自治组织。两者都是以村民小组或自然村为基本单元的村民自治试点创新的有益探索。

中央一号文件的提法反映了中央对群众和基层首创精神的充分尊重。要总结经验形成制度，及时修订完善法律，规范村民委员会等自治组织选举办法，将提升地方性经验形成的中央决策，持续推进制度化和法治化，并在更广泛的范围内推行。同时，必须立足于乡村实际，承认不同区域乡村治理的差异性，继续开展以村民小组或自然村为基本单元的村民自治试点工作，改革完善农村基层民主选举、民主决策、民主管理、民主监督基础制度，探索多元化的乡村治理模式和机制，从而在乡村振兴战略背景下实现治理有效的目标。

近年来，乡村社会在现代化建设方面有了很大进步，但总体上看依然是非规范社会。村庄生活还保留一定的原始状态，一家一户，日出而作，日落而息，靠亲戚邻居县缘维系人际有关系，费孝通先生概括的"乡土中国"特征很大程度上仍然存在。而我们党要在农村建设现代化社会，实质上是要农村社会越来越规范，农民的行为符合现代社会行为规范。这就要求我们开展的各方面工作，我们希望达到的所有目标，都要从农村社会依然是非规范社会的实际情况出发，农村集体并不是严格意义上的下级服从上级的关系，它是一种自治组织。如果我们为了加快达到既定目标，急于实现农村社会治理规范化，就会不断在工作任务上加码，不断对各部门工作高标准要求，不断开会研究下达新的要求，结果导致上边整天自我紧张、疲于奔命，每天像打仗一样疲于应付，以"百米冲刺"态度应对"马拉松"，而农民群众仍然在那里慢悠悠生活，根本不知道甚至不晓得上级组织、政府机关忙忙碌碌在干什么，群众说现在是"上边会慌，下边慌会"。我们必须改变这种工作方法和思维方式，每年农村工作做几件实事，县直涉农口每个部门安排几项工作，要汇总到一个总口进行顶层规划设计，最终布置的任务不要太多，干一件成一件，每一件都让群众感到切实利益和收获，让我们的工作既有弹性，又有韧性，少有刚性，更多表现出灵活性，让村党部、村委会更多自主创新开展一些工作，实现社会细胞组织的自我管控为主。

第二节　推进农村基层协商民主制度化

农村基层协商民主是社会主义协商民主制度的重要组成部分，是协商民主在基层农村落地生根的有效实现形式。推进农村基层协商民主制度化对于实现乡村社会治理有效具有重要意义，它不仅是为了满足当前乡村治理的客观需要，更是实现乡村治理体系和治理能力现代化的重要保证。目前，农村基层协商民主还面临着制度供给不足的现实困境。要充分认识推进协商民主制度化建设的重要意义，进一步丰富村民议事协商形式，健全村级议事协商制度，创新协商议事形式和活动载体，形成民事民议、民事民办、民事民管的多层次基层协商格局，为村民有效有序参与乡村治理提供制度保障。

（一）协商民主在乡村治理中的价值所在

协商民主是我们党在长期的革命、建设和改革的过程中，在中国特色民主政治实践中，不断探索出来的一种新型的民主制度和民主形式。积极开展各领域基层民主协商，是发展中国特色社会主义基层民主政治的基础工程，是推动基层治理体系和治理能力现代化的重要途径。协商民主既是一种决策机制，也是一种治理方式，目的是让群体中所有利益相关者都能够平等地参与到公共决策的过程中，在一定框架内自由、平等、公开地发表意见和建议，实现信息的沟通和交换，从而达成共识。作为一种决策机制，协商民主强调在关乎利益相关者的公共事务决策过程中，应该保证公民的充分参与，基于理性公正的讨论和协商。作为一种治理形式，协商民主是以公共利益为出发点和落脚点，鼓励利益相关者通过自由公开的协商对话达成共识，进而做出普遍认同的决策。

党的十八大提出了健全"社会主义协商民主制度"的要求，对协商民主的目标定位、制度形式进行了系统规划和部署。党的十八届三中全会提出，协商民主是实现党的领导的重要方式，是我国社会主义民主政治的特有形式和独特优势，是党的群众路线在政治领域的重要体现。① 并提出要开展形式多样的基层民主协商。党的十九大报告也指出，要继续发展社会主义协商民主，进一步健全民主制度，丰富民主形式，拓宽民主渠道，保证人民当家做主能够真正落实到国家政治生活和社会生活之中。提出要推动协商民主广泛、多层、制度化发展，统筹推进基层协商以及社会组织协商。②

2015 年，中央印发了《关于加强社会主义协商民主建设的意见》（以下简称《意见》）。当年中共中央办公厅、国务院办公厅又印发了《关于加强城乡社区协商的意见》以下简称《意见》，对基层协商民主制度落实进一步细化，《意见》对基层协商民主的重要意义、指导思想、总体要求、主要任务以及具体措施等方面，提出了全面系统的实施意见。2019 年 8 月，中共中央印发了《中国共产党农村工作条例》（以下简称《条例》），《条例》明确指出要在乡村振兴的实践中继续完善基层民主制度，健全党组织领导的充满活力的村民自治机制。《条例》还着重对乡村基层协商民主予以强调，指出要丰富基层民主协商形式，保证农民在乡村治理中依法实行民主选举、民主协商和民主决策、民主管理、民主监督。

推进农村基层协商民主，是保障乡村治理主体有序参与的迫切要求。乡村治理的主体不仅包括乡村党组织、乡镇政府、村民自治组织、各类农村社会组织，而且包括广大村民群众。知情权、参与权是村民的重要权利，协商民主的核心要义是扩大村民的有效治理参与，让他们直接和充分地参与到民主协商中，进行平等的对话与协商。农村基层协商民主直接要求是村民参与协商活动，就乡村重大和重要事务发表意见，表达自己的意志和意愿，并进行讨论、协商，而且要求村民全过程参与协商，这既能够体现参与者的平等与尊严，又能够使参与者负起对议决事项的共同责任，让村民得到行使乡村治理主体权利的真切体验，有利于培养其公共意识和合作精神，对于提高他们参与乡村治理的积极性具有重要意义。近几年很多地方农村都实行了"四议两公开"工作法，坚持村里事公开协商，民主决定，收到良好效果。但是，随着乡村治理参与面的扩大，各参与主体参差不齐的能力水平有所显现，容易导致参与的无效和无序。因此，加强农村基层协

①《中共中央关于全面深化改革若干重大问题的决定》，人民出版社 2013 年版。

② 习近平：《决胜全面建成小康社会　夺取新时代中国特色社会主义伟大胜利》，人民出版社 2017 年版。

商民主制度化，为村民有效有序参与乡村治理提供制度保障，显得尤为迫切。

近年来，协商民主以多种形式出现在基层事务的治理中，如村民理事会、民主评议会、民情恳谈会、村民议事会等。这些民主形式为村庄不同利益群体参与村庄公共事务、解决基层矛盾和问题提供了一种新渠道，协商议题设置也从最开始的某些单一议题，向与村民利益相关的乡村治理多元议题不断拓展。协商民主在农村公共事务治理中发挥了重要的作用。一方面，激发了群众参与的热情，推动了基层协商民主程序的不断健全；另一方面，丰富和激活了村民自治制度，为构建基层党组织领导的充满活力的基层群众自治机制提供了新的实践形式。

以"四议两公开"工作法为例，这项最早由河南南阳邓州市率先提出，后来得到党中央的肯定和认可并在全国范围内开始得到广泛推行的工作方法，不仅是一种在村党组织的领导下处理村级重大事项的工作方法，更是一种基层协商民主的成功实践。"四议两公开"（也叫"4+2工作法"）的工作程序名义上包括六个环节，即村党组织提议，村"两委"商议、党员大会审议、村民会议或村民代表会议决议，最后是决议公开和实施结果公开。"四议两公开"实现了党的领导、人民当家做主与依法治国的有机统一，经过了时间和实践的检验，可以说是农村基层协商民主的好做法、好机制，对于不断推进农村民主政治建设和农村改革发展稳定，具有十分重要的意义。

（二）乡村协商民主实践中存在的问题

农村基层协商民主为坚持和完善基层群众自治制度、创新基层民主实现形式、推进基层治理体系和治理能力现代化作出了重要的贡献，对于健全乡村治理体系、实施乡村振兴战略具有重要借鉴意义。与此同时，现实中农村基层协商民主仍处于初步实践阶段。完善农村基层协商民主，客观上要求加快推进其制度化进程。要把实践证明行之有效的好经验、好做法上升为制度规范，建立健全相关配套制度，引导农村基层协商协商民主规范有序有效开展，协商民主制度作为一种新生事物，在基层落地生根的过程中也面临着不少现实问题和影响因素，制约着其功能的有效发挥。

一是协商程度参差不齐。笔者在调研后发现，各地协商民主的发展程度各不相同。有的地方协商民主开展得比较广泛和深入，协商的结果有一定的成效；有的地方基层协商却流于形式和过程，甚至平时根本没有协商，更何况发挥功能作用。有的地方开展协商采用的是较为传统的工作方法，例如座谈会、听证会或者征求意见等，但参与的群众大多数时候只充当观众和听众，并没有实质性的发言权和话语权；加之缺乏审议和辩论的程序，以至于协商民主会最后变成了情况通报会。① 有的地方举办协商座谈或者听证会，参与人员都是经过主办方精心挑选的所谓"听话的人"，致使群众相关诉求得不到有效表达，利益得不到相应保障。

二是基层干部群众协商民主意识薄弱。当前，在一些农村社区，由于部分官员官本位意识和家长制作风浓厚，认为群众不懂民主，没有资格参与协商。此外，个别基层群众的民主意识比较薄弱，有自觉参与意识的人较少，即使参与也是自身利益受到侵害时才会出面，其他事情上信奉"事不关己，高高挂起"。例如，一些村在召开会议时，许多村民都认为是形式主义、走过场，不愿参加，导致村级治理很多年都没有开过一次像样的村民代表会议。由于受教育的程度有限，加之个体自我意识尚未觉醒，导致缺乏基本的政治自觉，在协商过程中无法理性表达自身的利益诉求。

三是基层协商民主缺乏相应的制度化保障。当前我国农村基层协商民主的制度化水平依然不高，缺乏相应法律法规的支撑，制度保障还不够，随意性特征较为明显。例如，有些地方的民主评议或者民情恳谈会，可能因领导人的更换或意见不同而"停摆"，有时候上级的预定方案与群众的意见倾向有分歧，导致群众意见较大而发生冲突，协商过程不欢而散。虽然《村民委员会组织法》也规定了基层民主的一些相应程序，但基层协商时经常涉及的土地拆迁补偿和社会保障等问题并未得到实质性解决，如何维护农民合法权益，相关法律还需要进一步修订和完善。② 此外，理论上讲，协商民主作为一套完整的程序性制度，应该包括议题的征集确定、协商讨论、达成共识、决策形成、执行决策和结果反馈等完整的闭环流程，但现实中，很多基层的协商民主还不能按照这个程序得到完整执行，并且缺乏对协商结果的反馈机制，制度的不完善造成村民的效能感低下，影响了村民的参与意愿和协商的有效程度。③

①② 宋菊芳、韩志磊：《协商民主与基层社会治理》，《中国政协理论研究》2018 年第 2 期。

③ 郭雄超：《新时代中国农村基层协商民主制度化的困境与对策研究——以 R 镇 L 村的"四议两公开"为例》，西北农林科技大学硕士学位论文，2019 年。

（三）推动基层协商民主制度化常态化

推动基层协商民主制度化常态化发展，是我国基层民主政治发展的重要方向，是推动国家治理现代化的有效途径和必然选择。完善农村基层协商民主，客观上要求加快推进其制度化进程。要积极适应乡村治理对发展农村基层协商民主的现实需要，坚持党的领导、人民当家做主、依法治国三者有机统一，按照协商为民的要求，进一步丰富村民议事协商形式，健全村级议事协商制度，创新协商议事形式和活动载体，把实践证明行之有效的好经验、好做法上升为制度规范，健全相关配套制度，引导农村基层协商民主规范有序开展，推动农村基层协商民主逐步走向制度化、规范化和长效化，努力形成协商主体广泛、协商内容丰富、协商形式多样、协商程序科学的农村基层协商民主新格局。

第一，扩大协商主体，明确协商议题。在协商主体方面，基层乡镇政府机关、村党组织、村民委员会、村务监督委员会等现有治理单元，以及村民小组、驻村干部和农村集体经济组织和当地户籍居民、其他利益相关方等，都可以作为协商主体。此外，还可以积极发展乡贤理事会、红白理事会等农村群众性社会自组织，重视吸纳老党员、老教师、老干部、老退伍军人等"乡贤五老"作为群众代表，吸收党代表、人大代表、政协委员等"两代表一委员"和辖区社会工作者等参与乡村协商。村级协商的议题方面，既可以包括年度工作计划、村庄规划编制、村民自治章程、村规民约修订等公共议题，也可以包括村民反映强烈且意见较为集中的集体性公共事务，以及其他涉及多数村民利益的突发性公共事项等。议题的征集过程要做到广泛和多元，通过深入调研扩大议题来源，坚持问题导向，努力通过协商解决群众最现实和迫切的利益问题。

第二，丰富协商内容，完善协商形式。健全基层社会协商民主的具体形式，使实际工作中一些较好的沟通、协调方式制度化、规范化。在协商形式方面，可以依托村民全体会议、村民代表会议、村民议事会、村务监事会等常规载体，以村干部接访日、民情恳谈日、村民议事论坛等为平台，借助微信群等现代社交网络，开展灵活多样的协商活动。各类协商主体通过召开板凳会、圆桌会等议事形式，就关系村庄公共事务的热难点问题进行座谈讨论，形成意见共识。对涉及重要公共利益的决策事项，采用书面、走访、座谈等形式积极征询相关群众代表的意见，同时与辖区内有关单位、组织沟通交流意见，共同为科学决策提供理性的意见和建议，更好地实现乡村治理功能。

第三，明确协商程序，规范协商流程。要完善运作机制和协商流程，从议题设置、参与成员到会场布置、辩论环节等都要经过充分的设计，使参加协商的各方都能合理充分阐述自己的观点，并能倾听他人的不同意见，在沟通中互相理解和包容，最终达成有效共识。要根据村庄发展需要和群众需求提出协商计划及议题。具体议题要在充分征求群众意见的前提下研究提出，议题确定后要及时制定具体协商方案，组织相关参与对象开展有针对性的民主协商和平等议事。此外，还应建立协商成果采纳、落实和督促、监督机制。对协商过程中持不同意见的群众，要及时做好解释说明工作。

第四，强化协商意识，提高协商能力。协商民主的效力来自群众的积极参与，形成有效的互动和交流。对于公众来说，要保障他们的知情权，引导他们积极地关心参与政治生活。要引导培养群众的协商意识，提升群众的理性判断能力，激发公众参与热情，培养参与社会治理的责任意识，动员组织群众依法有序参与乡村事务治理。要提高协商能力，通过开展专题培训，提高基层干部群众组织协商的能力和水平，广泛开展政策宣传，帮助村民掌握运用协商方法和程序，探索开展乡村协商民主示范点建设，从点到面引导发挥示范带动作用。

第五，增加制度供给，强化法治根基。推进乡村协商民主法治化进程，同时，整合协商民主制度与非正式的协商制度，进一步规范相关主体参与协商中权力的使用，明确相关责任，完善问责制度，落实和保障监督权和参与权。加强农村基层协商立法工作，为协商民主朝着广泛多层制度化发展提供法律保证。通过相应的条例和规章细则，明确基层协商民主的性质和地位，规范协商主体及其相互关系，拓展协商民主的形式和程序，从而健全基层协商民主的法律框架，实现权责明确和有法律可依。[①]

第六，加强组织领导，强化保障措施。要建立乡镇民主协商与基层农村协商的协同联动机制，充分发挥农村基层党组织在协商民主中的引领性作用，组织动员乡村治理各方力量广泛参与农民协商民主实践。建立健全党代表联系群众制度，注重发挥群团组织和社会工作者的优势，通过"4 + 2 工作法"等形式，以

① 郭雄超：《新时代中国农村基层协商民主制度化的困境与对策研究——以 R 镇 L 村的"四议两公开"为例》，西北农林科技大学硕士学位论文，2019 年。

基层党内民主带动基层协商民主发展。各级财政要强化村级组织运转经费保障，为群众开展协商活动提供必要条件和资金支持。加强法治宣传教育，严格执行一事一议工作制度，为协商开展营造良好氛围。

第三节　强化村级小微权力监督

村民自治实践过程中，如何规范和制约权力、保障村务公开和民主监督，是健全村民自治制度体系的重要环节，也是推进乡村治理现代化的必然要求。村级权力虽是小微权力，但直接关系群众的切身利益。这些权力的行使如果没有明确的边界和公开的规则，就会出现微腐败的现象，群众的利益就难以保障。近年来披露的一些小官大贪案例，足以说明村级小微权力也必须关进制度的笼子里。如何让村级小微权力在群众监督下阳光运行，是乡村治理现代化中一个现实而紧迫的课题。

（一）村级小微权力监督必要性分析

在基层干部群众民主监督实践的经验基础上，1997 年 8 月，民政部印发《关于健全村务公开制度深化村民自治工作的通知》，要求把深化村务公开当作开展村民自治的重要内容，努力实现村务公开的规范化和制度化。[①] 到世纪之交，村务公开已在全国绝大多数农村建立起来，有 20 个省（区、市）推行面在 90% 以上。[②] 通过推行村务公开，农村基层民主建设得到有效加强，村民政治参与意识不断提升，基层民主政治得以健康发展。

但是，村务公开在取得进展的同时，也存在一些不可忽视的问题。一是发展不平衡，各地差别很大。有的地方重视程度高，群众觉悟早，村务公开搞得有声有色；有些地方村务公开程度不足、流于形式，特别是一些强势人物长期把持政

---

　　① 民政部：《关于进一步建立健全村务公开制度深化农村村民自治工作的通知》，1997 年 8 月 5 日。
　　② 《全国村务公开和民主管理经验交流会议要求　全面推进村务公开民主管理》，《人民日报》1999年 6 月 22 日。

权的村，村务管理存在不少问题，在村务公开的内容上做手脚，时间上不积极，搞半公开或假公开。二是村务公开实质性程度不足，力度不够。有的地方对村务公开和透明工作重要性认识不够，仅仅作为上级部门安排的一项任务应付而走过场。因此，村务公开的力度和深度上与村民群众的期望和要求还有一定差距。[①]

近年来，由于基层权力运行缺乏必要监督，村民自治运行中村务公开不畅，导致基层"苍蝇式"腐败的案例屡见报端。例如，在村民委员会选举过程中，在宗族意识浓厚、家族关系盘根错节的村庄，竞选村干部不仅能给个人和家族带来面子和荣耀，更能够带来实质性权力以及附着的经济利益。所以在一些农村的换届选举过程中，经常会出现黑恶或宗族势力操纵选举把持基层政权的现象，他们通过对村民投票环节进行干预，破坏选举结果的公正性。这样的案例，在近年来扫黑除恶查处的典型案例中屡见不鲜。在民主决策方面，部分村干部在村务管理中违反相关制度规定，大搞"家长制"和"一言堂"，村级决策环节存在越位、缺位以及选择性执行等问题。一些村干部绕开"村财乡管"和村务监督委员会等制度设计，违背程序规则贪污挪用村级组织运转经费。民主管理方面，有些村干部对权力缺乏敬畏，重大事项不征求其他成员意见，重大支出不经村委员讨论，村级财务管理混乱。在民主监督方面，一些村级党组织软弱涣散，党内监督乏力。村务公开不实不细，村民无法有效监督，激化出很多矛盾问题，有些还酿成了信访案件。不受约束的权力，必然导致腐败。解决上述这些问题，推进村务公开制度化规范化，加强村级小微权力监督和制约，必须用权力制约权力，让权力在阳光下运行，显得既迫切又必要。

加强村级小微权力监督是村民自治发展到一定阶段的必然结果。村务公开是民主决策的必然结果，村务公开是民主监督的实现形式。[②] 村民自治到一定阶段，不实行村务公开就无法继续开展下去，村民切身利益就不可能得到保障和落实。村民委员会本身虽不是行政机关，却被赋予了处理村级公共事务的一定权力，掌握着村级土地分配、集体资产处置、宅基地审批、低保五保困难补助申请等资源，这些小微权力如果不加制约，也会酿成"苍蝇式"腐败。推进村务公开，规范小微权力，是完善村民自治制度的客观需要和必然结果，有利于拓展村

① 李元勋：《中国农村村民自治研究》，中共中央党校（国家行政学院）博士学位论文，2019 年。
② 白钢：《农村治理结构与治理方式存在的问题与对策》，《内部文稿》2000 年第 8 期。

民自治实现形式,激发村民自治制度活力。

加强村级小微权力监督是深化基层党风廉政建设的现实需要。长期以来,基层干部和相当多一部分群众对村级权力界定模糊,村里到底有什么权力、怎样行使权力,没有一个清晰的认识,再加上一部分村干部的法律意识和为民意识淡薄,自律意识差,使群众对基层干部作风产生诸多质疑。由于权力运行不规范、监督机制不健全,村干部滥用权力、违法乱纪的乱象时有发生,"上级监督太远,村级监督太软,群众监督太散"成为一种现实写照。加强村级小微权力监督,对涉及群众利益的各项村级政务列出清单,画出流程图并向群众公示,真正让群众看得到、听得懂、能监督,可以保障群众在村级事务管理中的知情权、话语权和参与权,并以此约束村级组织权力运行,倒逼基层党风政风转变,净化乡村政治生态环境。

加强村级小微权力监督是维护农民群众合法权益的迫切要求。近年来,随着国家惠农政策力度的加大,特别是精准扶贫和乡村振兴战略的深入实施,个别基层村官把持实施政策以套取私利,在危房改造、低保、新农合等惠民政策落实中滥用权力,一些地方农村财务混乱和经济腐败问题突出,这削弱了村民自治的群众基础,严重损害了广大村民的切身利益,破坏了干群关系和社会风气,群众反映越来越强烈。侵害农民利益的"苍蝇式"腐败怎么防?"小官巨贪"现象怎么才能够避免?如何实现资金资源不被个别基层干部贪污霸占,进而实现乡村治理能力和公共服务的提升,让村干部来自民主选举授权的权力真正为村民谋利益,成为重要课题。加强村级小微权力监督,让村级组织中的所有事项都置于群众的监督之下,有利于实行阳光操作从而减少群众对干部的诸多质疑,密切党群干群关系,有利于在基层化解矛盾纠纷问题,贯彻以人民为中心的发展思想,提升基层社会治理能力。

(二)强化村级小微权力监督的对策建议

在总结郾城区"阳光三权"试点工作经验的基础上,在全市推开"阳光漯河"建设,统一编制十大项 32 小项村级组织权力清单,梳理出 150 多项党委权力目录,公开 1.5 万多项行政权力事项,探索"明权清单化、用权程序化、监权科学化"的基层权力运行监督新模式。

规范村级小微权力要坚持村民自治、依法管理、便民利民、标本兼治原则,建成权责明确、相互制衡、公开透明、操作规范、简便高效、监督有力的权力运行体系，实现村级组织和村干部权力事项明晰，村级权力运行机制进一步完善，村干部法纪意识、综合素质显著增强，努力确保农村基层民主政治建设有效推进，群众知情权参与权决策权和监督权进一步落实。

一是健全小微权力规范运行体系。按照于法周全、于事简便的原则，紧紧抓住基层微腐败易发多发的薄弱环节，健全完善村级小微权力清单，绘制运行流程图，强化过程监控，明确每项权力事项的名称和具体实施的责任主体，界定清楚权力事项的来由依据、权力运行的操作流程、运行过程的公开公示以及违反规定的追责办法，构建明权清单化、用权程序化、监权科学化的权力运行监督体系，从而明确村级权力运行的风险点，制定相应的预警防控措施，保证小微权力规范运行。

二是健全小微权力阳光运行机制。以定事、定权、定责、定监督的方式，统一谋划、部署和安排，加强小微权力流程管理、痕迹管理，实行权力清单内容、运行程序、运行过程、运行结果公开。落实群众知情权、参与权和监督权，拓展途径方式，严格执行村务和财务公开制度，推动村级小额资金规范化管理，让群众通过网络、手机等各种途径即时查看，真正让村级小微权力在阳光下运行。

三是完善小微权力日常监督机制。加强职能部门监督，强化专项督察和结果运用。推进市县党委巡察制度向基层延伸，畅通各种监督渠道，整合监督力量，构建群众监督、监委监督、上级监督有机统一的监督体系。公开监督电话和联系人，及时答复和解释群众提出的质询。村务监督委员会对村级事务办理全程监督，发现问题及时提出，并督促整改。乡镇党委要将推进小微权力运行工作纳入党风廉政建设目标考核，建立村干部重大事项报告、工作督察、年度述职述廉考核等制度，并与村干部绩效工资发放相挂钩，不断提高村务监督工作水平。[①] 县级民政、农业农村等部门要根据职责建立涉农项目和扶贫资金监督机制，切实加强对小微权力运行的监管。

四是健全小微权力运行违纪行为追责机制。细化责任追究办法，着力解决乡村干部行使权力方面存在的突出问题。对滥用职权以权谋私、独断专行逃避监督

---

① 刘嫣：《新时代农村基层"小微权力"该如何监管——以湖北省沙洋县为例》，《学习月刊》2019年第2期。

等违纪违规行为,尤其是对不符合程序与流程的权力行使行为进行及时预警纠错,综合运用党纪处分、组织处理等措施进行严肃查处,严格问责追究,建立长效机制。

五是加大小微权力清单制度宣传推广力度。广泛运用展板、广告牌等传统形式与手机微信等现代传播手段相结合的方式进行宣传,充分挖掘本地文化特色,将小微权力清单制度内容通过人民群众喜闻乐见的形式进行广泛传播。出台履责补贴标准,引进积分制管理方法,强化业务培训,提高村务监督委员会成员履职积极性,引导村干部转变思想理念,自觉规范权力运行,主动接受监督。

第四节　发挥自组织在乡村治理中的积极作用

农村自组织(社会、民间组织)是指农民自愿组成,按照民办、民管、民受益的原则运行的,不以营利为目的的各类社会组织,具有民间性、公益性、非营利性、志愿性、自治性的特点。比如蔬菜合作社大发展,大家希望成立各类蔬菜协会,鲜姜种植户、经营户多了,大家希望成立鲜姜协会,养牛的户多了,搞种子培育的大户多了,大家希望成立养牛协会、种业协会等等。党委政府应支持这些"自组织"发展。党的十九大报告强调,要"发挥社会组织作用,实现政府治理和社会调节、居民自治良性互动"。这对乡村治理转型都具有很强的针对性、指导性。要深化社会组织参与基层治理的渠道,特别是通过推广"一约四会"、培育新乡贤等途径,支持各类社会组织自我约束、自我管理,在推动乡村振兴中发挥积极作用。

(一) 自组织在乡村治理中的功能与作用

一是乡村秩序维护。乡村社会是以村落为单位、以土地为依附、以群体为本位、以熟人社会为模式的社会。乡村自组织依赖于本土的资源优势,形成对乡村社会秩序维护的重要渠道,成为一种自发权威。它将来自熟人社会结构中的"习俗""惯习"融化为自身对组织成员的约束与建构。这种满足村民社会情感需求的活动已经化作村民的集体无意识,成为一种乡村文化的小传统,无形地规范引导着村民的日常生活。

二是乡村资源配置。自组织治理是通过经济交换和社会交换以实现社会资源配置的一种配置形式，既不同于市场调节，也不同于国家干预。就乡村自组织活动性质而言，村民与村民之间可以发生经常的互动。通过这种交换，各种有价的、稀缺的资源得以有效的配置，获得更大的效益。在自身资源困境和缺乏外界支持，特别是正式组织制度缺位的情况下，自组织成为乡村治理的现实选择。

三是乡村社会整合。随着经济社会的发展变化，乡村社会结构深刻变迁，乡村社会的内部整合机制也在发生着演变。在这个过程中，农业合作社等集体经济组织，红白理事会、乡贤理事会等农村基层社会自组织可以发挥一定的整合作用。乡村自组织依靠血缘、地缘、人情等社会资本，调节着乡村社会的利益关系，促进了乡村社会内部有机关联格局的形成。这种整合功能在合作社等新型农民经济合作组织中体现得尤其突出。此外，红白理事会等文化和生活领域的乡村自组织也通过增强农民邻里之间的互动，发挥着乡村社会整合的功能。

（二）自组织参与乡村治理过程中存在的问题

一是数量和力量不足。目前乡村社会组织总量还比较少，发展还不平衡、实力比较弱小，很难承接乡村治理的任务。由于经济条件和发展阶段的限制，一些农村社会自组织现实中还面临着活动场所和设施短缺、经费和财务较为困难、管理机制和服务手段落后、专业技术人才紧缺等问题，这些都使乡村社会组织的发展受到一定影响。由于乡村社会治理主体较少，缺乏必要的非政府组织或志愿者队伍，导致乡村社会自组织治理能力明显不足。

二是政府包办干预过多。以乡村基础设施建设为例，当前大部分基础设施建设都是政府包办的，如土地拆迁、垃圾处理、道路建设、供水供电等。由于体制性问题尚未得到解决，相关机制和平台还未建立，导致在农村社会建设中"政府与社会资本合作的大门是敞开的，但小门仍然是关闭的"，影响了自组织的发育和作用的发挥。

三是群众参与治理积极性不高。当前，我国乡村社会治理面临的突出问题是个别地区的基层群众参与积极性不高，参与度不够，甚至出现冷漠情绪。受历史传统的影响，小农意识在目前农民群众的脑海里还根深蒂固，村民们的公民意识和公共精神在一些地方相当薄弱。以村民自治制度和协商民主实践为例，当前很多农村青壮年劳动力外出打工，在家留守的多为少年儿童、老年人和家庭妇女，他们由于年龄素质、认知能力等因素的影响，对村庄治理的积极性不高，对村级事务和问题漠不关心，即使参与治理也往往具有非常浓郁的功利色彩。这种现象体现在决策、监督和管理等多方面，以至于很多地方现在连个像样的村民代表会议都组织不起来。村民参与度不够直接影响了自组织治理的效果。

四是对"自组织"缺乏典型培育和示范带动。当前，农村已经出现了一大批合作社、农业大户、各类协会，许多实际上已经走在前列，但至今对他们的事迹、经验、贡献总结不够，向外宣传也不够，因而这些先进典型的更大作用未能发挥出来。

（三）自组织参与乡村治理的对策建议

作为乡村治理的重要主体，农村社会组织的政治参与十分重要，同乡村治理能力现代化具有很强的关联性。近年来，乡村社会在现代化建设方面有了很大进步，但总体上看依然是非规范社会。村庄生活还保留一定的原始状态，一家一户，日出而作，日落而息，靠亲戚邻居维系人际关系，费孝通先生概括的"乡土中国"特征很大程度上仍然存在。而我们党要在农村建设现代化社会，实质上是要农村社会越来越规范，农民的行为符合现代社会行为规范。这就要求我们开展的各方面工作，我们希望达到的所有目标，都要从农村社会依然是非规范社会的实际情况出发。农村集体并不是严格意义上的下级服从上级的关系，它是一种自治组织。如果我们为了加快达到既定目标，急于实现农村社会治理规范化，就会不断在工作任务上加码，不断对各部门工作高标准要求，不断开会研究下达新的要求，结果导致上边整天自我紧张、疲于奔命，每天像打仗一样穷于应付，以"百米冲刺"态度应对"马拉松"，而农民群众仍然在那里慢悠悠生活，根本不知道甚至不晓得上级组织、政府机关忙忙碌碌在干什么，群众说现在是"上边会慌，下边慌会"。我们必须改变这种工作方法和思维方式，每年农村工作做几件实事，涉农口每个部门安排几项工作，要汇总到一个总口进行顶层规划设计，最终布置的任务不要太多，干一件成一件，每一件都让群众感到切实利益和收获，让我们的工作既有弹性，又有韧性，少有刚性，更多表现出灵活性，让村党部、村委会更多自主创新开展一些工作，实现社会细胞组织的自我管控为主。

一方面，要为自组织参与乡村社会治理留下充分空间。首先，党的十九大报告提出，要提高社会治理社会化、法治化、专业化水平。在乡村治理的实践中，党委政府应当放开一定的手脚，让更多的社会主体参与到乡村振兴建设建设中，激发社会组织活力，提高社会治理的社会化程度。其次，应该把乡村社会组织纳入法治化轨道，使农民、农村经济组织和社会组织树立法治意识，培养遵守契约精神。最后，应充分发挥新兴网络平台和媒体技术的作用，通过建立网络化的社会治安综合治理体系，提高乡村社会治理的智能化程度和精细化水平。

另一方面，要发挥社会组织作用，提升治理能力。社会组织不仅是新时代社会治理的重要力量，也是政府对乡村社会进行有效治理的重要途径。地方政府应向乡村社会组织进行管理授权，将一些职能向乡村市场主体和民间社会组织进行转移，同时对志愿服务等乡村社会组织进行一定的资金或物质资助，扶持乡村社会自组织朝着党委政府所希望的方向发展。建立政府与社会组织之间的沟通协调机制，注重平等协商和民主监督，发挥好社会组织联系乡村农民群众、沟通党委政府的桥梁纽带作用。在此过程中，社会组织仍然有自治权，在参与乡村的过程中有发言权。要选择一批社会组织先进典型，认真总结经验，加强跟踪指导，向当地媒体推荐和宣传。既推进合作社、农业大户、各种协会等自组织发展壮大，又为乡村社会治理作用发挥提供经验和力量。

第五章　法治建设与乡村治理现代化

法治是乡村治理体系的重要组成部分，是自治和德治的基础和保障。乡村治理体系与治理能力现代化的过程，很大程度上也是法治化的过程。没有乡村治理的法治化，就没有乡村治理的现代化。推进乡村治理体系与治理能力现代化，需要加强法治乡村建设，加快补齐乡村法治"短板"，通过着力推进乡村依法治理，健全乡村矛盾纠纷化解机制，发挥村规民约作用，努力建设法治乡村、平安乡村，从而为实施乡村振兴战略提供良好法治环境。

第一节　推进乡村治理法治化

乡村治理法治化是指在坚持党的领导、人民当家做主和依法治国有机统一前提下，在乡村推进依法执政、严格执法、公正司法、全民守法，将农村经济、文化、社会等各项工作纳入法治化轨道，运用法治方式来管理乡村事务的过程。实现乡村治理法治化，不仅是实现国家治理现代化的应有之义，更是实施乡村振兴战略的必然选择。

（一）乡村治理法治化的重要意义

法治是治国理政的基本方式。所谓"法治"，就是依法治理，它是一种以法律的强制力规范社会成员行为的社会治理方式。规则意识、法治精神是构建现代社会秩序的内在要求。习近平总书记曾强调指出："依法治理是最可靠、最稳定的治理"。政党执政兴国，离不开法治支撑；社会繁荣发展，离不开法治护航；百姓安居乐业，离不开法治保障。法令行则国治，法令弛则国乱。党的十八届三中全会在提出国家治理现代化的基础上，同时提出建设法治中国的历史任务。党的十八届四中全会提出建设中国特色的社会主义法治体系的新目标，描绘了全面依法治国的蓝图。党的十九大报告明确全面推进依法治国总目标是建设中国特色社会主义法治体系，建设社会主义法治国家，为中国法治的建设和发展明确了方向。依法治国是国家治理现代化基本的要求，是国家治理体系和治理能力的重要依托。国家治理现代化涉及政治、经济、社会等各方面，而其中的任何领域和任何层面都离不开法治的保障。要推进国家治理体系和治理能力现代化，实现经济发展、政治清明、文化昌盛、社会和谐、生态良好，必须秉持法律这个准绳，善于运用法治思维和法治方式进行治理，强化法治建设，弘扬法治精神。

法治是乡村治理的重要保障。法治是乡村治理体系的重要组成部分，是自治和德治的基础保障。乡村治理中的自治是法治基础上的自治，自治依靠法治为自己健康运行提供基本规范和重要保障。乡村治理中的德治同样离不开法律约束的德治，法治在有赖于道德滋养和道德支持的同时也为德治提供保障。党的十八届四中全会通过的《中共中央关于全面推进依法治国若干重大问题的决定》中明确提出"推进基层治理法治化"的要求，并指出"全面推进依法治国，基础在基层，工作重点在基层"[①]。农村作为基层最基础的社会单元，其法治建设水平的高低直接影响着国家治理体系和治理能力现代化的进程及国家整体法治化进程。乡村治理法治化是农村可持续发展的制度保障，是解决农村各种矛盾和问题的重要依托。乡村地区法治薄弱的短板补齐关系到法治社会、法治国家的实现。

法治是维护乡村社会秩序的重要手段。新形势下乡村社会矛盾的化解、乡村社会秩序的维护都呼唤法治这一有效手段的补充。虽然我国已健全了法律体系，乡村社会的主要关系和基本问题也纳入法律范围内予以规范，但文化惯习、权力、人情、关系等因素依然是乡村社会关系调节的重要影响因素，乡村法治建设仍落后于乡村经济社会发展进程。新的历史条件下，礼治式微中的乡村内部治理结构已不能有效维持全部秩序、不足以完全应对日益凸显的乡村新现象、新问题，需要以法治规约乡村社会矛盾纠纷、利益诉求多元、社会安全稳定。做好新

---

① 《中共中央关于全面推进依法治国若干重大问题的决定》，《人民日报》2014 年 10 月 29 日。

形势下的乡村社会治理，必须坚持法治为本，树立依法治理理念，强化法律在维护农民权益、规范市场运行、生态环境治理、化解农村社会矛盾等方面的权威地位，以法治方式统筹力量、平衡利益、调节关系、规范行为，从而以法治规约礼治衰退下的乡村利益多元，增强新形势下民众的法治精神和秩序意识。

法治是化解乡村社会矛盾问题的重要方式。随着乡村社会结构深刻变迁，乡村社会问题层出不穷，道德滑坡、人情冷漠、社会治安、自私自利、失信失约、低俗价值、是非观念颠覆等乱象不断涌现，这不仅是道义沦落下的礼俗约束无力和思想文化建设不足，更是法治缺失下的规则不约、秩序不制。因此，礼治衰退下的法治补位符合乡村现实需要。同时，夹裹于市场经济、城乡融合发展下的乡村社会问题需要法治化裁决。市场经济是法治经济，只有践行契约、实现法治，才能维护公平竞争和市场有序，调适人际关系和多重社会利益。城乡融合发展进程中日益显现的市场诚信、生产安全、土地资源问题、环境问题等，已超出了非正式制度的约束范围，必须借助拥有强力后盾的法律、政策等制度保障来推进社会问题的解决和社会秩序的良性运行，从而规范社会行为、社会生活，助力乡村治理和国家治理。

法治乡村建设是实施乡村振兴战略的基础性工程。2020年3月，中央印发了《关于加强法治乡村建设的意见》（以下简称《意见》），提出要加强党对法治乡村建设的领导，健全党组织领导的自治、法治、德治相结合的乡村治理体系，着力推进乡村依法治理，教育引导农村干部群众办事依法、遇事找法、解决问题用法、化解矛盾靠法，走出一条符合中国国情、体现新时代特征的中国特色社会主义法治乡村之路，为全面依法治国奠定坚实基础。《意见》涉及法治乡村建设的方方面面，包括乡村立法、行政执法、司法保障、法治宣传教育等，是法治乡村建设的纲领性文件。《意见》明确了法治乡村建设的时间表和路线图，对于实施乡村振兴战略、推进国家治理体系和治理能力现代化具有十分积极的意义。

（二）乡村治理法治化存在的问题

随着农村改革开放的不断深入，农村现代化水平不断提升，在农村社会全面依法治国的进程中，农民的法治观念和民主意识不断增强，与现代社会发展相适应的权利观念、秩序观念、自由平等观念、民主观念不断得到强化。农村持续开展法律普及工作，普遍建立社会治安综合治理体系和矛盾纠纷调处化解机制，农村法治建设取得了明显成效，为农村改革发展稳定提供了较好的法治环境。但是，农村法治从总体上说还比较薄弱，还存在一些亟待解决的突出问题。

一是乡村法规体系还不完善。经过长期努力，农村法规制度体系建设取得了长足进步，村规民约、行政法规及法律制度共同构建了一个相对完善的乡村治理规范体系，为乡村治理提供了充分的法律依据，有力地推进了乡村治理法治化的进程。但不容否认的是，在农村社会治理方面，我们在立法上的欠缺依然十分明显。一方面，涉农立法总量不足，有的领域还是空白，"断层"和"缺项"严重。一些农业和农村的法律法规大多是原则性内容，缺乏可操作性。一些立法听取群众意见不够，过多地体现了部门和地方利益，造成群众有意见。另一方面，立法质量不高，立法冲突现象比较突出，法律约束力不强。上位法和下位法之间、法律法规与实施条例之间、原则规定与具体措施之间尚未完全配套，甚至不同部门法相互抵触、相互矛盾，造成法律适用的困惑，影响了法律的实施效果。

二是干部群众法治信仰缺失。由于乡村熟人社会的宗族观念较为浓厚，法治宣传教育滞后，农民群众普遍缺乏法律意识、法治观念和法律知识，学法、懂法、用法的能力有限，运用法治方式解决处理问题依然有较大欠缺。例如，一些农民在自身利益受到侵害时，要么以暴制暴，要么自认倒霉，要么到处上访告状，信访不信法，真正通过法律渠道维护自身合法权益反而较少。[1] 而置身一线的农村基层干部，对法律知识学习不够重视、不够系统，对国家法律法规一知半解。法律知识的匮乏，使他们在长期工作中养成了根据经验处理事情的习惯，在面对一些需要依法解决的乡村纠纷事件时往往不知所指，习惯于听从上级的指令干活、凭着自己的感觉做事、仗着自己的权势管理，这既伤害了党群干群关系，又影响了人们的法治信仰。

三是执法问题和乱象亟待整治。由于法律素质不高，"官本位"思想、任性用权意识严重，一些基层执法人员错误地认为法律是治老百姓的，把自己摆在超越法律的位置，因而在执法过程中不严格依法办事，执法不文明、不公开、不公正，以言代法、以罚代法、以情代法现象依然存在，以权压法、执法犯法、徇私枉法现象时有发生。在一些乡村，执法不透明、不规范、不廉洁的问题比较严

---

① 罗雅婷：《乡村治理法治化问题研究》，《信阳农林学院学报》2018 年第 28 卷第 4 期。

重。有少数执法人员在执法过程中吃拿卡要，违反规定，乱收费、乱摊派、乱罚款；有的违反规定重复执法，滥用自由裁量权。这些执法不严、司法不公问题的存在，给乡村法治建设造成了严重负面影响，使一些农民群众对执法机关意见大，对运用法律手段维护自身权益失去信心。

四是农村法律服务体系不健全，农民群众难以及时获得优质的法律服务和有效的司法救济。受市场经济的影响，目前我国法律服务资源的配置上，更多地向城市倾斜，设在农村的律师、公证机构、仲裁机构却很少。农村法律法规层次不高，体系不健全，制度化监督制约机制不完善，监督效度难以保证。目前，农村的法律工作者大多不是法律专业人士，没有经过系统的法律专业学习，未通过国家法律职业资格考试，没有法律从业资质，在处理矛盾纠纷时往往不够专业，力不从心。农村法律服务体系不健全，造成了当地农民寻求法律服务不方便，办理公证事务不方便，当事人为一起纠纷案件要多次往返奔波城乡之间，从而加重其经济负担。与此同时，这些法律工作者在提供法律服务时缺失有效监管，从而导致不合理收费、法律服务有瑕疵等问题。

（三）推进乡村治理法治化的对策

建设法治乡村是建设法治国家和法治社会的重要基础，是强化乡村治理、推动乡村振兴战略的重要保障。因此，加快推进农村工作法治化，加快推进乡村治理法治化，为农村经济发展和社会进步提供良好法治环境和有力法治保障，已经刻不容缓。要从推进乡村治理现代化的高度，重视和推进乡村治理法治化工作，坚持依法治理、源头治理、综合治理相结合，以法治约束和规范基层干部权力，以法治化解乡村社会矛盾和问题，全面提高乡村社会治理法治化水平。

一是完善涉农领域立法。法律是法治的基础和前提，良法才能善治。从国家层面看，应该按照全面依法治国的要求，适应实施乡村振兴战略大局，立足农村发展新情况新问题，加强顶层设计和总体规划，健全完善涉农法律法规，重点就维护农民权益、规范市场运行、农业支持保护、农村生态环境治理、化解农村社会矛盾等方面加强制度建设，充分发挥法律的引领、规范、保障和推动作用。加强相关法律的修订完善和后评估，出台配套制度措施，提高立法科学性，促进有效实施。对不适应改革要求的法律法规规章，及时修改或废止。要依法推行民主选举、民主决策、民主管理、民主监督，推动农村基层治理法治化。一方面，推进乡村治理制度规范体系建设，着力提升涉农法律法规层次和体系完善程度。运用科学方法，遵循立法规律，广泛发扬民主，听取群众意见，聚纳民众智慧，构建结构完备、内容完整的乡村治理法规制度体系。另一方面，综合考量地方政治、经济和文化发展状况，突出地方特色，加强地方性立法工作，对基层政府运行的各环节、各部门权责予以明确界定和规范，为地方依法行政提供有力的法律和制度保障。

二是规范涉农行政执法。全面深化农村基层行政执法体制改革，强化基层执法队伍，合理配置执法力量资源，推动执法力量向基层倾斜。规范农村基层行政执法工作程序，严格按照法定职责和权限执法。加强对执法工作监督，进一步落实行政执法公示制度、执法全过程记录制度、执法决定审核制度、错案责任追究制度等，做到有权必有责、用权受监督、违法必追究、侵权须赔偿。不断改进执法方式、规范执法言行、讲究执法艺术，坚持以法为据、以理服人、以情感人，严格贯彻执法适度原则，努力使当事人既感受到法律的权威和尊严，又感受到执法机关的人情关怀和温暖。加强乡镇行政执法人员业务培训，严格实施行政执法人员持证上岗和资格管理制度，提高基层行政执法队伍法治意识和职业素养，引导树立正确的世界观、人生观、价值观和以人民为中心的执法理念，提高行政执法水平，做到严格规范公正文明执法，将政府涉农事项纳入法治化轨道，依法履行职责使命。

三是强化乡村司法保障。完善司法为民便民利民措施，畅通司法便民"最后一公里"。加强人民法庭建设，完善人民法庭巡回审理制度，合理设置巡回办案点和诉讼服务点，做好巡回审判工作，最大限度地减少群众诉累。推动审判机关、检察机关、公安机关依法妥善办理涉农纠纷案件，深入贯彻落实农村土地制度改革政策，依法打击和处理破坏农村生态环境、侵占农村集体资产、侵犯农民土地承包经营权等违法犯罪行为，惩治破坏农村经济秩序犯罪，严厉打击农村黑恶势力及其"保护伞"、邪教组织，坚决把受过刑事处罚、存在村霸和涉黑涉恶涉邪教等问题的人清理出村干部队伍，打击收买外籍妇女为妻、非法收养儿童、"黄赌毒"违法犯罪活动。加大涉农案件执行和对执行活动法律监督力度，推进困难群众执行救助体系建设，及时实现农民合法权利。完善对经济困难的当事人缓、减、免交诉讼费的具体条件与标准。加大刑事司法救助力度，对生活困难的被害人及其近亲属依法及时给予司法救助。加强涉农民事、行政、刑事案件的法律监督工作，确保法律正确统一实施。加大涉农公益诉讼案件办理力度，督促相关行政机关依法履行职责。

四是强化乡村法治宣传教育。在推进乡村治理法治化过程中，要适应农民群众对法律知识的实际需求，多渠道加强农村地区的法治宣传工作，不断创新工作方法，拓展宣传教育阵地，扩大宣传教育覆盖面，增强法治宣传的影响力和渗透力，构筑从识法、懂法到用法、守法的法治意识提升之路，真正让乡村法治建设落地生根。全面实施"七五"普法宣传教育活动，开展"法律进乡村（社区）"和"民主法治示范村（社区）"创建活动，不断增强农村基层干部群众的法治观念和依法维权意识，形成办事依法、遇事找法、解决问题用法、化解矛盾靠法的良好法治环境。要重点对乡镇党员干部特别是村两委干部开展法治宣传教育，开展培训和轮训，增强基层干部法治观念、法治为民的意识，提高依法办事能力。实施农村"法律明白人"培养工程，培育一批以村干部、人民调解员为重点的"法治带头人"，提高依法推进乡村治理的能力。

五是完善乡村法律服务体系。整合法学专家、律师、政法干警及基层法律服务工作者等资源，健全基层法律服务人才培养培训制度，创新基层法律服务人才培养培训模式，努力建设一支高素质的农村基层法律服务人才队伍。健全乡村基本公共法律服务体系。着力加强乡镇司法所和人民调解组织建设，推进法律援助和法律顾问进村全覆盖，充分发挥人民法庭在乡村治理中的职能作用，推广巡回审判方式，切实解决农村公共法律服务供给能力不足、水平不高问题，最大限度满足农村法律服务的基本需求。缓解农民群众诉讼难、诉讼贵问题，尽可能地降低群众用法成本。加大涉农诉讼费用减免缓的工作力度，在涉及追索劳务报酬、人身损害赔偿等案件时，应采取减免和缓交诉讼费用措施，减轻农民负担，伸张公平正义。要充分利用信息化手段，深入推进公共法律服务网络平台建设，鼓励乡镇政府设立法律顾问，鼓励在村民委员会建立法律服务工作室，完善政府购买服务机制，充分发挥律师、基层法律工作者在提供法律服务、促进乡村依法治理中的作用。

第二节　充分发挥村规民约作用

村规民约"泛指传统乡土社会为维护村庄秩序而制定的一切国家法之外的公共性规则，包括习惯法、家族法以及狭义的村规民约"①。作为介于法律与道德之间的自治规范，村规民约是村民自我管理、自我激励、自我约束的有效手段，在乡村治理中发挥着独特作用。在推进乡村治理法治化的进程中，应挖掘传统村规民约的现代价值，充分发挥村规民约在农村基层治理中的独特功能，推动其成为乡村社会治理有效的重要途径。

（一）村规民约在乡村治理中发挥独特作用

村规民约在我国源远流长。《周礼》中就有关于乡里敬老、睦邻的约定性习俗。北宋时的"吕氏乡约"，包含有倡导乡民们践行"德业相劝、过失相规、礼俗相交、患难相恤"的内容。传统村规民约，大致可分为劝善性村规民约和惩戒性村规民约两种。在"皇权不下县"的传统中国，乡规民约是农村社会秩序得以维系的最基本社会规范。它既是乡民们的行为准则，又是国家法律的重要补充，对调整人际关系、化解社会矛盾、稳定乡里秩序发挥了非常重要的作用。劝善性村规民约以教化人，在乡村实施道德教化，有助于形成醇厚民风。而那些惩戒性村规民约以礼成俗，对违约乡民采取惩罚性措施，借以规劝和引导人们弃恶从善，同样能发挥醇厚民风的作用。

村规民约虽然也曾经充当过封建统治者统治乡村社会的工具，但其内在蕴含着优秀传统文化的基因，在中国古代乡村社会秩序维护中发挥了重要的作用，其功能价值体现在以下几个方面。

一是道德教化功能。历代乡规民约立足于道德教化，以教化乡民、彰显道德为己任，倡民忠孝、教民修身为善、劝民友爱、促民相帮相助，通过对乡民的教

---

① 骆东平、汪燕：《从村规民约的嬗变看乡村社会治理的困境及路径选择——基于鄂西地区三个村庄的实证调研》，《湖北民族学院学报》（哲学社会科学版）2016 年第 2 期。

化在乡村培育形成一种淳美的道德风尚。《吕氏乡约》中言："事亲能孝，事君能忠。夫妇以礼，兄弟以恩，朋友以信。能睦乡邻，能敬官长，能为姻亲。与人恭逊，持身清约，容止庄重，辞气安和。衣冠合度，饮食中节。凡此皆谓之德。"这里虽然包含有封建历史文化因素，但其以教化人的功能价值显而易见。

二是以礼成俗功能。"礼"是中国传统社会人们的行为规范，乡规民约作为乡间民众之礼，一方面引导村民人人懂得礼仪、礼节、礼让，在乡村形成人人温文尔雅、和谐相亲的相互关系；另一方面通过制定惩戒性规范，对酗搏斗讼、行不恭逊、言不忠信、营私太甚等违犯基本道义的行为加以禁止，并给予相应惩罚，引导乡民弃恶向善，积习成俗，逐步淳美乡间风俗。在乡规民约以礼成俗的功能作用下，古代中国社会曾出现过"闾里无讼，老幼无愁……犬不夜吠，鸡不夜鸣，老者息于堂，丁壮者耕耘于田"的祥和局面。这种以礼成俗的功能价值，是现代村规民约应当加以吸收和传承的。

三是补充法律功能。传统乡村社会是依靠宗法伦理等文化力量整合，国家的介入程度较低。古代中国法律相对简约，面对复杂的乡村社会，具有普适性的国家法律难以制定面面俱到的行为规范，其空白和不足的地方，由乡规民约来发挥调节作用。当今社会的乡村治理同样也存在不少"真空地带"。比如，化解婆媳关系、解决邻里纠纷等问题都是法律法规难以有效解决的，往往需要村规民约等社会规范介入。实践证明，好的村规民约能够有效补充国家法律的不足。村规民约是国家法律的重要补充，它以一种最节约成本和更有实践效率的方式落实了基本的法律要求和道德要求，一定程度上促进了村民对国家法律规范的遵守，对法律的落实起到了补充作用。

（二）传统村规民约在乡村治理中面临的困境

在乡土社会向现代社会变迁过程中，传统乡规民约也实现了向现代社会村规民约的转型[1]，并逐渐演变为衔接国家法律政策和乡土风俗民情的基层治理规范[2]。近年来，村规民约日趋兴盛，实质上起源于农村传统礼治秩序的衰落及国

---

① 姜裕富：《村规民约的效力：道德压制，抑或法律威慑》，《青岛农业大学学报》（社会科学版）2010 年第 1 期。

② 周铁涛：《村规民约的当代形态及其乡村治理功能》，《湖南农业大学学报》（社会科学版）2017 年第 1 期。

家行政力量的大力倡导。① 村规民约的作用条件变化护射了中国社会整体转型的缩影，展现了农村社会治理方式"由强制向引导、由人治向法治、由封闭向开放"② 的整体转变，同时推动了村规民约内容与形式由传统向现代的积极转变。

村规民约在乡村治理中具有独特作用。村规民约是村民自治的表现，是全体村民共同意志的载体，是介于法律和道德之间、"硬法"和"软法"之间的自治性规范，在弘扬公序良俗、规约乡村社会秩序中发挥着独特作用。首先，在乡村社会，宏大的价值体系不能很好地与村民日常生活相适应，村规民约更贴近生产生活，它是乡村社会内生的价值形式，对村民行为具有引导和规范作用。其次，遵守村规民约有利于培养村民的规则意识。在乡村社会中，村规民约以传统为依托，能够被信服，是最有效和最节约成本的法律宣传及法律教育形式。最后，在乡村治理的进程中，村规民约具有汇集民意、聚集民智、化解民忧、维护民利的独特作用。同时，村规民约独特作用的充分发挥能够增强村庄民众的主体意识、责任意识等，从而成为解决新时代乡村矛盾的有效途径。

2018 年 2 月，《中共中央国务院关于实施乡村振兴战略的意见》明确提出，"发挥自治章程、村规民约的积极作用"③。2018 年 12 月，民政部等 7 部门联合出台了《关于做好村规民约和居民公约工作的指导意见》，提出"到 2020 年全国所有村、社区普遍制定或修订形成务实管用的村规民约、居民公约，推动健全党组织领导下自治、法治、德治相结合的现代基层社会治理机制"的工作目标。当代村规民约已成为中国乡村振兴和农村社区治理现代化中的一部分。

在加强乡村治理的大背景下，近年来各级地方政府普遍都制定了村规民约，大力推广"一约四会"，较好地保障了村民自治制度的落实，推动了公序良俗的形成，提升了基层社会治理水平，促进了农村社会和谐稳定。然而，工作中也存在一些突出问题：对村规民约重要作用认识不足、制定的程序不规范、内容不全面、执行落实不力、指导监督不到位等，从而导致村规民约在乡村治理中的功能作用得不到应有的发挥。当今乡村社会环境深刻变化，村规民约赖以存在的土壤

---

① 陈学金：《历史视野中的当代村规民约与农村社区治理》，《原生态民族文化学刊》2019 年第 2 期。

② 杨建华、赵佳维：《村规民约：农村社会整合的一种重要机制》，《宁夏社会科学》2005 年第 9 期。

③ 《中共中央 国务院关于实施乡村振兴战略的意见》，《人民日报》2018 年 2 月 5 日。

随之改变，传统礼俗约束与现代秩序观念难以有效契合，导致村规民约在乡村社会治理中面临诸多困境。主要表现在如下几个方面：

第一，乡村治理环境发生改变。乡规民约萌芽于乡村社会，它是村民就某一事项经相互商议协定供大家遵守的行为规范，约束的主体是村民自身。随着市场经济的发展，市场规则和利益关系成为人们处理社会关系的基础，传统通过礼俗进行社会控制、依靠教化建构社会秩序、运用劝服调适社会关系等①，以血缘、地缘和面子为主要特征的内在规范日益解构。加之，在经济利益的驱使下，大量村民外出打工，人口流动打破了原有相对封闭和相互依赖的村庄环境，村庄舆论约束效力持续减弱，村民的遵从意愿降低，公共道德力量式微②，使乡村社会陷入紊乱无序的风险。一些村庄的"空心化"，也使村规民约的产生基础不断消解。

第二，国家行政权力侵蚀。现代村规民约在很多地方是国家公权力意志的反映，而不是村民意愿的反映。在效率的要求下，一些地方的村规民约直接由乡镇政府统一格式颁布，再或由村干部闭门造车控制，虚化为一种形式上的文本，公共民主色彩消失。③ 部分地方村干部利用命令式的行政手段强制颁布制定村规民约以完成任务，甚至引起了当地村民的强烈不满。④

第三，村规民约自身的不足。一是时代性不强。一些村规民约未能与时俱进，难以适应时代和社会发展的变化，导致权威性和适用性降低。二是合法性欠缺。个别地方的村规民约内容包含封建迷信色彩、惩罚措施力度大、重义务轻权利，缺少平等、宽容和妥协性⑤，甚至与相关法律法规原则相违背，合法性和正当性不足。三是务实性不够。一些地方的村规民约内容上千篇一律，多有雷同，通篇只罗列一些生硬、空洞的口号，或者是国家的政策法规，无法反映地方的实际和村民的意图，由于没有什么实质性的内容，也没有可操作性可言，加之制定过程较为死板，"模板"味道浓厚，从而导致难以深入人心，传播受到阻碍。四是执行效果有限。多数村规民约缺少约束条款和惩戒措施，执行过程中监督缺

---

① 姚保松、周昊文：《乡村振兴视域下村规民约的困境及出路探析》，《学习论坛》2019 年第 3 期。

② 吴理财：《改革开放以来农村社区文化的变迁》，《人民论坛》2011 年第 24 期。

③ 王俊英：《村规民约建设中存在的问题及对策分析》，《理论与改革》2000 年第 5 期。

④ 郎友兴：《对七十二年前山东一个村庄村规民约的简要述评》，《中国农村观察》2003 年第 2 期。

⑤ 谢秋红：《乡村治理视阈下村规民约的完善路径》，《探索》2014 年第 5 期。

失，容易被乡村干部操控，成为维护私利的工具。① 这些都弱化了村规民约的效力，使其执行效果大打折扣。

（三）更好发挥村规民约在乡村治理中的作用

乡村治理没有一成不变的模式和规则，村规民约只有与社会发展同步、与时代变迁吻合，才能调动村民的主动性和创造性，保证村民的参与权和监督权，最终成为自治、法治、德治有机结合的乡村治理工具。更好发挥村规民约在乡村治理中的作用，必须增强村规民约制定和实施的权威性、有效性，推动村规民约的现代性转换和创新性发展。

一是规范制定主体。制定和修改村规民约，是《村民委员会组织法》授权只由村民全体会议或者村民代表会议才能实施的权利。因此，在制定村规民约的过程中，要严格遵循直接民主的要求，让村民自主参与、自己决策、自己选择，坚决杜绝包办和代替，从而真正把群众的意愿和诉求反映出来。乡镇政府可以负责但不能干预，将村庄治理的主动权还给村民。此外，由于乡村社会流动性增加，村规民约制定主体和约束对象不仅包括本地村民，还需要根据变化把外来流动人口纳入进来，这样才能增加约束力。通过村民直接参与、民主协商、严格执行，实现民事民议、民事民办和民事民管。

二是明确规约内容。村规民约包含社会公德、家庭美德、文化教育、治安管理、民风民俗等多方面内容，是村民自我约束规范的总和。由于村民文化水平有限，组织化程度较低，必须加强引导，明晰村规民约的功能定位、适用对象和文本内容。要建立统一规范的村规民约审查体系，提高村规民约的制定水平，引导村规民约与国家方针政策和法律法规相符合，使之能正确调适村民之间、村民与集体之间的关系，不得与宪法法律和国家的方针政策相抵触，不得有侵犯村民人身权利和财产权利的内容。同时，各地应根据本村特点，彰显本地特色，精简规约内容，确保责权利统一。

三是规范制定程序。程序正义是村规民约合法性的重要来源，必须建立一套规范性的操作机制，做到主体、程序和内容的全面规范。制定程序要符合《村民

---

① 赵定东、杨婷婷：《村规民约建设推进乡村基层治理的探索——基于杭州市余杭区的实践分析》，《社会治理》2019 年第 12 期。

委员会组织法》，积极引导村民参与，确保全体村民集体协商讨论、集体投票表决、集体签名确认，使制定、修订的过程成为党员干部群众学法遵法守法用法的过程，增强村民的契约意识和法治水平。县乡党委政府要对村规民约的制定进行指导，对制定程序进行监督和备案审查，确保村规民约的合法性。

四是加大宣传力度。把村规民约作为改善乡村治理的重要抓手，组织开展村规民约的评选和宣传活动，比如哪个乡哪个村制定的村规民约最有个性，最好记忆，最好实践，最有历史文化内涵，可以在全县开展评比。评比过程本身就是让村规民约深入人心的过程。对选出的优秀获奖村规民约，可以在县级广播电视台持续宣传，也可以在县城、乡镇制做宣传牌持续宣传，让体现优秀传统文化和时代特色的乡规民约家喻户晓，让所有村民内心认同村规民约，构建起村规民约共同遵守的强大舆论约束力。

五是加强监督实施。创新村规民约的执行方式，提高村规民约的违约成本，真正树立村规民约的权威性，促使村民自觉内化于心、外化于行。[1] 可以充分发挥村庄社会组织的监督作用，比如村民议事会、乡贤理事会等，依靠民间力量和权威，保障村规民约制定过程中的广泛参与、民主协商和充分沟通。各级民政部门要加大对村规民约的实施监管力度，细化监督执行机制，做到主体明确、方法适当，有法可依、有规可循[2]，提升村规民约的权威性和可操作性。

第三节　创新乡村社会治安综合治理机制

农村社会治安的稳定有序是农村生产生活的重要前提。平安乡村建设是实施乡村振兴战略的重要保障。完善农村社会治安防控体系，是健全和完善乡村治理体系的重要内容，有利于充分保护人民群众的合法权益，提升人民群众的安全感和满意度，确保社会安定有序和国家长治久安，有利于推进乡村治理体系和治理能力的现代化程度，为深入实施乡村振兴战略提供稳定的社会环境保障。

---

① 沈大友、董敬畏：《发挥好村规民约在乡村治理中的作用》，《学习时报》2018 年 1 月 2 日。
② 姚保松、周昊文：《乡村振兴视域下村规民约的困境及出路探析》，《学习论坛》2019 年第 3 期。

（一）完善社会治安防控体系

2015 年 4 月，中共中央办公厅、国务院办公厅印发了《关于加强社会治安防控体系建设的意见》，提出要"健全点线面结合、网上网下结合、人防物防技防结合、打防管控结合的立体化社会治安防控体系"，并围绕加强乡镇（街道）和村（社区）治安防控网建设提出明确要求。2018 年 2 月，中共中央、国务院印发的《关于实施乡村振兴战略的意见》指出："健全落实社会治安综合治理领导责任制，大力推进农村社会治安防控体系建设，推动社会治安防控力量下沉。"① 农村社会治安防控体系建设成为乡村振兴战略"平安乡村"建设的重要内容。

党的十八大以来，党中央、国务院对农村社会治安综合治理工作进行了一系列部署和全方位加强，平安乡村建设进一步推进，"扫黑除恶"专项斗争深入开展，深化矛盾纠纷排查化解工作，乡村社会治安形势持续好转、综合治理工作水平不断提升。当前，我国社会处于深刻转型期，农村社会治安的总体形势是好的，但农村社会治安仍然与社会发展要求存在差距。特别是利益格局多元化的背景下，影响社会稳定和群众安全的深层次矛盾及问题层出不穷，复杂多变，给新时代的社会治安工作带来了挑战和困难。完善农村社会治安防控体系，可以从以下几个方面着力。

第一，完善社会治安防控运行机制。要建立社会治安形势分析研判、部门联动、区域协作等工作机制，整合各部门资源力量，增强打击违法犯罪、加强社会治安防控工作合力。加强对偏远农村、城乡接合部、城中村等社会治安重点地区、重点部位的排查整治，加强对重点人员的动态管控和特定利益群体稳控，对群众反映强烈的黑拐枪、黄赌毒以及电信诈骗、非法传销、非法集资等突出治安问题，加强部门执法合作，开展专项打击整治，形成整体合力。

第二，完善农村治安防控网络。要以网格化管理、社会化服务为方向，健全基层综合服务管理平台，推进乡镇（街道）综治中心建设，推动社会治安防控力量下沉，将人、地、物、事、组织等基本治安要素纳入网格管理范畴，实现县、乡、村三级综合服务管理平台全覆盖，做到信息掌握到位、矛盾化解到位、

---

① 《中共中央　国务院关于实施乡村振兴战略的意见》，《人民日报》2018 年 2 月 5 日。

治安防控到位、便民服务到位。持续深化"一村一警"长效机制，加强专兼职治安巡防队伍建设，构建"乡乡有组织、村村有队伍、户户有人看"的农村群防群治网络。

第三，加强法律法规和基础性制度建设。针对社会治安治理领域的重点难点问题，推动相关法律法规的立、改、废、释和相关政策的制定完善工作，建立统一社会信用代码制度，完善维护公民、法人等合法权益的途径。坚持依法行政，加强食品药品、安全生产、环境保护、文化市场和网络安全等重点领域基层执法，加快建设公正、高效、权威的社会主义司法制度，着力解决好人民群众反映强烈的突出问题。形成办事依法、遇事找法、解决问题用法、化解矛盾靠法的良好法治环境。

第四，充分发挥社会组织协同作用。坚持多方参与、共同治理，发挥市场、社会等多方主体在社会治安防控体系建设中的作用。加大对城乡社区服务组织的培育扶持力度，将适合由社会组织承担的矛盾纠纷调解、青少年犯罪预防等任务纳入政府购买服务，通过竞争性选择等方式，交给社会组织承担，发挥好他们在社会治安防控体系建设中的作用。加强社会工作人才队伍建设，健全政府、社会、家庭三位一体的关怀帮扶体系，落实教育、矫治、管理以及综合干预措施。

（二）健全矛盾纠纷调处化解机制

党的十八届四中全会对多元纠纷解决机制的改革作出系统而整体的战略部署。2015 年 12 月 6 日，中共中央办公厅、国务院办公厅联合印发《关于完善矛盾纠纷多元化解机制的意见》，对矛盾纠纷化解机制构建作出全新顶层设计，通过立法推进、制度设计和程序建构来促进各种解纷机制之间的对接和融合。党的十九届四中全会决定指出，要完善正确处理新形势下人民内部矛盾有效机制，坚持和发展新时代"枫桥经验"，完善社会矛盾纠纷多元预防调处化解综合机制，努力将矛盾化解在基层和萌芽状态。[①] 多元纠纷解决机制是全面依法治国背景下具有全局性、长期性、基础性的改革工作。完善矛盾纠纷多元化解机制，是应对社会转型期基层治理中复杂多样矛盾纠纷的客观需要，是缓解基层诉讼需求增长

---

① 《中共中央关于坚持和完善中国特色社会主义制度　推进国家治理体系和治理能力现代化若干重大问题的决定》，人民出版社 2019 年版。

与司法资源紧张状况的现实要求，对于构建共建共治共享的社会治理格局、推进乡村治理体系和治理能力现代化，意义重大而深远。

随着乡村社会的深刻转型和人民群众权利意识的觉醒，社会经济结构和利益格局的调整，风险社会凸显以及信息化时代的挑战，乡村社会矛盾纠纷更加复杂多样。新时代社会主要矛盾发生了深刻变化，乡村治理的复杂程度空前增加。健全矛盾纠纷调处化解机制，最大限度把矛盾纠纷化解在基层，消除在萌芽状态，对于巩固党的执政基础、确保国家长治久安至关重要。

在矛盾纠纷调处化解方面，源于浙江诸暨的"枫桥经验"具有典型示范意义和经验推广价值。20世纪60年代初，浙江诸暨市枫桥镇的干部群众在社会主义教育运动中创造了"发动和依靠群众，坚持矛盾不上交，就地解决，实现捕人少、治安好"的"枫桥经验"。1963年，毛泽东同志作出批示，充分肯定"枫桥经验"，并提出"要各地仿效，经过试点，推广去做"。此后"枫桥经验"在全国推广，成为我国政法综治战线的一面光辉旗帜。习近平同志高度重视坚持和发展"枫桥经验"，2003年在浙江工作时，明确提出要倍加珍惜、大力推广、不断创新"枫桥经验"。党的十八大以来，习近平总书记对坚持发展"枫桥经验"作出重要指示，要求把"枫桥经验"坚持好、发展好，把党的群众路线坚持好、贯彻好。[①]"枫桥经验"的突出特点，在于其"小事不出村，大事不出镇，矛盾不上交，就地化解"的矛盾纠纷调解原则。新时代"枫桥经验"的核心价值，体现在坚持党建引领、坚持人民主体、坚持"三治融合"、坚持预测预警预防、坚持基层基础建设、坚持共建共享六个方面。

"枫桥经验"作为基层社会治理创新的典型，经过长达近60年的发展实践，在完善社会治理制度、健全社会治理体系方面，尤其是在化解人民内部矛盾、构建基层社会治理格局方面具有重要示范意义。为各地创新基层矛盾纠纷预防化解机制提供了思路指引，已经走向全国遍地开花。"枫桥经验"的诞生和创新发展集中反映了我们党执政理念和治国理政方式转变的轨迹，蕴含着党领导人民共同依法治理社会的深刻哲理，体现了中国特色社会主义制度的独特优势和强劲生命力，对推进国家治理体系和治理能力现代化，特别是对构建基层社会治理新格

---

① 宗成峰、朱启臻：《"互联网＋党建"引领乡村治理机制创新——基于新时代"枫桥经验"的探讨》，《西北农林科技大学学报》（社会科学版）2020年第9期。

局，有着诸多的启示和借鉴作用。①

坚持发展新时代"枫桥经验"，健全乡村矛盾纠纷调处化解机制，可以从以下三个方面着力：

第一，全面加强新时代人民调解工作。调解作为推进基层社会治理法治化的重要力量，在我国矛盾纠纷多元化解机制中发挥着基础性作用。要贯彻《人民调解法》，落实《关于加强人民调解员队伍建设的意见》，坚持预防为主、排查在先，落实属地原则、及时就地化解，通过定期开展拉网式排查，认真梳理矛盾纠纷和苗头隐患，主动深入困难人群多、矛盾纠纷多、工作难度大的村组、社区，重点排查越级上访、治安隐患、群体性事件等苗头线索，做好预测预警预防工作，做到早发现、早报告、早控制、早解决，防止矛盾纠纷隐患蔓延、扩大，做到小事不出村（社区），大事不出乡镇（街道），矛盾不上交。加强基层人民法院和人民法庭对人民调解工作的指导，完善基层人民调解组织网络，及时推动设立行业性、专业性人民调解组织，探索建立网上人民调解委员会积极发展乡村专职人民调解员队伍，加强对人民调解员法律政策、专业知识和调解技能等方面的培训，充分发挥人民调解在化解基层矛盾纠纷中的主渠道作用。

第二，完善多元化矛盾纠纷化解机制。针对纠纷呈现出的主体多元化、诉求复杂化、类型多样化等特点，创新工作理念，通过整合人民调解、行政调解、司法调解等多种社会资源，综合运用调解、仲裁、行政裁决、行政复议、诉讼等多种方式和手段，畅通和规范群众诉求表达、利益协调、权益保障通道，形成功能互补、程序衔接的矛盾纠纷有效化解体系，努力将矛盾化解在基层，做到"小事不出村、大事不出乡"。要建立有序的矛盾纠纷化解机制，通畅化解路径。规范各类解纷平台内部制度、运转流程和运行机制，完善外部协调运转机制，以法院诉调为龙头完善对接机制，推动诉前联调融合联动。加强街镇综治中心"一体化运作"建设，鼓励行业协会、商会等设立调解组织或机构，对调解不成的信访案件和不适合调解的矛盾纠纷，要及时导入法治轨道，积极引导当事人通过仲裁、行政、司法等合法途径解决，努力形成化解矛盾纠纷合力，形成共建共治共享社会治理格局。

第三，提升乡村治理智能化、精细化、专业化水平。紧跟信息化发展趋势，

---

① 课题组：《解码新时代"枫桥经验"》，《中国领导科学》2019 年第 6 期。

依托大数据、人工智能等手段，探索建立"互联网＋网格管理"服务管理模式，强化乡村信息资源互联互通，完善信息收集、处置、反馈工作机制和联动机制。深入推进乡村"雪亮工程"建设，健全人防、技防、物防有机结合的防控网，增加集贸市场、庙会、商业网点、文化娱乐场所、车站、旅游景点等重点区域治安室和报警点设置，实现社会治安防范全域覆盖、全网共享、全时可用、全程可控。开展农村突出治安问题专项整治，加强乡村警务建设，大力推行"一村一辅警"机制，扎实开展智慧农村警务建设。广泛开展平安教育和社会心理健康服务、婚姻家庭指导服务。加强乡村社会心理服务体系建设，健全完善村级心理咨询室，建立经常性社会心理服务机制。加强对刑满释放人员、社区矫正对象等特殊人群的教育监督和服务管理。推动法院、检察、公安、人民调解组织延伸至乡村基层，提高响应群众诉求和为民服务能力。

（三）深入开展扫黑除恶专项斗争

在全国开展扫黑除恶专项斗争，是以习近平同志为核心的党中央对政法工作作出的重大决策，事关社会大局稳定和国家长治久安，事关乡村治理效能和基层政权巩固。近年来，各级各有关部门精心组织，攻坚克难，扫黑除恶专项斗争开局良好，依法严惩了一大批社会影响恶劣的黑恶势力犯罪，从严查处了一批黑恶势力"保护伞"，集中整治了一批软弱涣散村组织，取得了"扫黑除恶"斗争的阶段性胜利，为乡村振兴提供了和谐稳定的环境保障。中央政法工作会议强调，扫黑除恶要"在打防并举、标本兼治上下真功夫、细功夫，确保取得实效、长效"。法治化是确保专项斗争取得实效的重要着力点。推动扫黑除恶专项斗争向纵深发展，必须不断提升法治化水平，保障专项斗争始终在法治轨道上正确运行。

黑恶势力是经济社会健康发展的毒瘤，是人民群众深恶痛绝的顽疾，严重破坏经济社会秩序，侵蚀党的执政根基。对黑恶势力犯罪的打击力度不够，客观上助长了黑恶势力犯罪的势头。如在黑恶势力存续期间，被害人有过报警，但派出所在处理时多以调解、赔偿结案，缺乏对于案件处理的敏感性；或者相关职能部门错误地认识了黑恶势力发展的势头，把黑恶势力按一般社会治安案件处理，贻误打击黑恶势力最佳时机。提升法治化水平，是扫黑除恶向纵深发展的重要方向，是确保扫黑除恶取得实效与长效的客观需要，是确保每一个案件都经得起历史检验的坚实基础。有助于保证执法司法人员始终严格依法办案，遵循刑事诉讼活动规律，坚持实体正义与程序正义并重，处理好惩治犯罪与保障人权之间的关系，保护当事人合法权益。

当前，扫黑除恶专项斗争正处于从全面推开向纵深推进的新阶段。中央提出了扫黑除恶专项斗争的新目标，要求把打击基层黑恶势力犯罪和加强乡村基层反腐"拍蝇"结合起来，把扫黑除恶和加强基层组织建设结合起来，既要有力打击黑恶势力犯罪，又要有效铲除黑恶势力滋生土壤。推动扫黑除恶向纵深发展，健全防范打击长效机制，必须更加注重在法治轨道上行稳致远。要加强相关法律法规的修订完善，推动扫黑除恶斗争工作机制逐步规范化、制度化、法治化，切实提升公众安全感和政法机关执法满意度。

第一，健全扫黑除恶系列法律法规制度。随着扫黑除恶专项斗争的持续深入，不断涌现出的新情况和新问题，需要在立法司法等层面不断健全相关法律法规，建立扫黑除恶长效机制，也必须靠健全法规制度和完善制度环境上。在顶层设计方面，全国人大、最高人民法院、最高人民检察院应适时根据实践中存在的认识分歧和面临的共性问题，持续研究出台立法解释、司法解释，对黑恶势力犯罪的新情况进行法律适用界定，为全面打击黑恶势力违法犯罪提供指导。各地各级司法行政机关等部门要及时根据中央精神、遵照新出台的扫黑除恶系列文件、法规意见，进一步总结经验做法，结合本地实际情况细化相关法律法规并操作化实施，推动建立打击恶势力团伙工作协作配合机制，充分运用各种法律手段精准打击。

第二，坚持严格执法、公正司法。法治是打击黑恶势力的最好利器，法治环境是开展扫黑除恶的最佳环境。扫黑除恶斗争不是运动式治理，更不是无所依凭。要严格把握好法律政策的界限，采用多种途径方式化解问题矛盾，调整社会关系。要用法治来规范政府、市场、社会组织、个体的边界关系，尊重市场规律，通过市场化手段，在法治框架内调整各利益主体关系，厘清政商关系、政民关系、市场主体间关系，保障社会运行秩序和日常生活秩序。对扰乱社会秩序、市场秩序、生活秩序的黑恶势力和黑恶行为，要拿出治本措施，对黑恶坚决说不，用重典、用法治维护广大民众的根本利益。要把依法严惩、依法办理贯彻到扫黑除恶专项行动的各个环节，依法打击各种黑恶势力、依法惩处各类黑恶行为，保护人民群众的合法权益、保障各类市场主体的正当权益，维护社会大局秩序。

第三，加强普法宣传教育。厉行法治，普法先行。法治不仅是一种社会信仰，也是一种生活需要。要坚持把全民普法和守法作为推进扫黑除恶斗争的基础性工作，加强全域普法教育，提高全民法治素养。构建扫黑除恶全域普法新格局，要坚持"关键领域＋法治宣传"，聚焦重点群体，推动专项斗争宣传进农村、进企业、进机关、进学校、进社区，让人民群众在专项斗争中明法理、受教育；对重点行业、领域的黑恶乱象精准"画像"，针对不同年龄段、不同职业，利用多种方式加大普法宣讲力度；公检法机关要提高把握法律政策界限能力，积极运用微信、微博、论坛、公众号等各类新媒体，打造"互联网＋法治宣传"平台。推广社会志愿服务模式，积极引导社会组织参与普法教育和法治宣传等公益服务工作，壮大普法力量。

（四）依法推进农村宗教治理

《中共中央 国务院关于坚持农业农村优先发展做好"三农"工作的若干意见》把农村宗教治理纳入乡村治理体系中，提出要"严厉打击敌对势力、邪教组织、非法宗教活动向农村地区的渗透"。习近平总书记在 2016 年全国宗教工作会议上的讲话中强调："新形势下，宗教工作范围广、任务重，既要全面推进，也要重点突破。要结合各宗教情况，抓住主要矛盾，解决突出问题，以做好重点工作推进全局工作。"[①]

当前，部分农村地区非法宗教和邪教问题比较突出，家庭教会蔓延势头还没有得到有效控制，一些邪教组织仍然在暗中活动，境外势力利用宗教对农村的渗透一刻也没有停止。农村邪教和非法宗教对农村基层组织和社会治理造成巨大冲击，严重危害农村的生产生活秩序。这些非法宗教乱象对农村意识形态、文化阵地及社会管理都带来一定影响，如不及早铲除，会严重影响农村地区的安全与社会稳定。

要把农村宗教治理纳入乡村治理体系中，依法加大对农村非法宗教活动和境外渗透活动打击力度，依法制止利用宗教干预乡村公共事务，牢牢掌握农村宗教工作的主动权主导权话语权，积极推动宗教与社会主义相适应，走宗教中国化的

---

① 于飞：《加强对农村邪教和非法宗教的治理》，《中国民族报》2019 年 3 月 5 日。

正确道路，确保农村宗教管得住、管得好。

党的十八大以来，随着全国宗教工作会议精神的贯彻落实，宗教活动总体平稳有序，宗教工作法治化明显加强，宗教工作迈向了新时代。但是，必须清醒地认识到，我国的信教群众大部分在农村，宗教领域的问题也大多表现在农村。目前，农村的宗教工作最为薄弱，非法宗教活动、乱建宗教活动场所、滥塑宗教造像屡禁不止，宗教商业化、私自组织朝觐、私设聚会点、"清真泛化"、网上非法传教、利用宗教习俗敛财等现象不同程度的存在；一些地方农村境外势力利用宗教在进行渗透，一些地方农村宗教极端主义蔓延；一些地方农村宗教干预公共事务，利用教法干预司法、干预婚姻，宗教领域的矛盾呈现出特殊复杂性，成为影响乡村振兴、国家安全和社会稳定的重大问题。这不仅影响正常的宗教秩序，也对社会公共利益产生危害。①

个别农村地区非法宗教活动蔓延，宗教乱象问题严重，其原因主要表现在以下几个方面：

一是普通信教群众对正规教义和党的宗教政策认识水平有限，对正规宗教和邪教缺乏基本的区分和辨别能力。留守在农村的老人、妇女等群体，因身体、生活等方面的原因，希望通过神灵改变自己的状况。另外，有一些人对现实生活不满，也会促使他们到宗教中寻找关怀和精神慰藉，但因自身的文化素质和分辨能力较低，因此误入非法宗教和邪教的圈套的可能性很大，给社会稳定带来一定的危害。

二是基层农村宣传思想文化建设存在薄弱环节。一些农村地区关于反邪教宣传教育手段单一，覆盖面有限，内容不够生动，对提高农民群众防范邪教的能力作用有限。这种状况为邪教和非法宗教的蔓延传播提供了可乘之机。一些农村公共文化设施欠账较多，农家书屋等公益性文化资源开放力度不够，导致农民群众精神文化生活匮乏。

三是打击力度不够，农村基层政权公信力被弱化。在部分乡村地区，各种非法或违法宗教活动盛行，如不经登记私设宗教团体开展活动，打着宗教旗号骗财，借宗教之名搞封建迷信活动，传播邪教等，面对街坊邻居的老年人信宗教，农村干部一般也视而不见。

---

① 曹学霖：《坚持问题导向　切实做好农村宗教工作》，《中国民族报》2018 年 3 月 1 日。

四是境外宗教势力渗透活动加剧。邪教大多得到了国际反华势力的支持和鼓励，在一定程度上助长了邪教的嚣张气焰。一些邪教不仅源自国外，与境外反华势力勾结，还长期受外国资助，是国外对中国渗透的对象和媒介，给国家安全带来危害。

做好新时代农村宗教工作，要求提高农村宗教工作法治化水平，善于运用法治思维和法治方式，处理和解决农村宗教领域矛盾和问题。

第一，要加强宣传教育和组织领导。开展马克思主义宗教观、党的宗教政策和法律法规的教育，大力普及反邪教政策和法规知识，加强反邪教警示教育宣传，积极营造崇尚科学、反对邪教的社会氛围。建立健全县、乡、村三级宗教工作网络，严格落实乡村两级宗教工作责任制，探索以网格化管理为抓手、以现代信息技术为支撑，实现基层服务和管理精细化精准化，确保农村宗教工作有人管、有人抓，使农村基层组织成为依法管理宗教工作的前沿和堡垒。

第二，加强依法打击和严格管理力度。加强对宗教场所、宗教活动、宗教教职人员的管理。依法加大对农村非法宗教活动、邪教活动打击力度，制止利用宗教、邪教干预农村公共事务，扎实开展反邪教宣传教育转化工作，打造集教育转化、宣传警示、教育培训"三位一体"的反邪教宣传教育转化基地，构筑防范邪教的坚强屏障。坚持我国宗教独立自主自办原则，抵御境外利用宗教渗透，坚决遏制宗教极端思想的蔓延。

第三，要加强农村意识形态阵地和公共文化建设。加强党的理论与政策宣传，引导广大村民树立正确的宗教观。引导信徒科学理性地信仰宗教，引导信教群众爱国守法，坚持宗教中国化方向发展。要加强农村文化建设，加大县乡图书馆、文化馆等公共文化设施建设投资力度，多利用农闲时间开展各种各样的文化活动，如舞狮、舞龙、扭秧歌、办书画学习班、办图书阅览室、打太极拳等，不断丰富农村群众精神文化生活。

第六章　乡风文明与乡村治理现代化

党的十九大报告提出实施乡村振兴战略，并提出了产业兴旺、生态宜居、乡风文明、治理有效、生活富裕的总要求。其中，乡风文明作为乡村振兴的关键环节和核心要求，在乡村振兴战略实施中发挥了至关重要的作用。实施乡村振兴战略，必须高度重视乡风文明建设，从而为乡村全面振兴提供精神动力和思想保证。

第一节　推动农村公共文化共建共享[①]

党的十八届三中全会将公共文化服务体系建设作为全面建成小康社会的重要内容和全面深化改革的重点任务。在落实共享发展新理念、推进文化领域供给侧结构性改革的战略高度下，对近年来现代公共文化服务体系建设的成绩和经验进行深入客观的分析和评估，在长期调研的基础上，系统总结当前基层农村公共文化事业发展过程中存在的问题，并从建立公共文化服务体系建设协调机制、创新公共文化管理运行机制、健全绩效考核体系和激励奖惩机制、完善群众评价和第三方反馈机制等方面，提出推进农村公共文化共建共享的对策建议，从而推进农

---

① 本部分内容主要引用自笔者发表过的系列文章。参见刘刚：《农村公共文化共建共享机制研究》，《中共郑州市委党校学报》2018年第4期；刘刚：《农村公共文化建设重在共建共享》，《学习时报》2016年9月22日。

村基本公共文化服务标准化均等化，提高面向农民群众的公共文化服务能力，值得高度重视和深入研究。

（一）推进农村公共文化共建共享的实践探索

推进乡风文明建设是乡村治理的重要课题，需要在实践中不断探索、创新突破。近年来，河南淅川县抓住创建"河南省公共文化服务体系示范区"的机遇，制定印发《中共淅川县委、淅川县人民政府关于创建河南省公共文化服务体系示范区的实施意见》等相关文件，按照增加投入、转换机制、增强活力、改善服务的要求，对构建农村公共文化资源共享机制进行了卓有成效的探索，积累了一些可资借鉴的改革经验。目前，全县公共文化事业更加繁荣发展，农村现代公共文化服务体系日益健全，初步形成了覆盖城乡、结构合理、功能齐备、实用高效的公共文化服务格局，农村公共文化事业在共建共享中不断发展。

1. 统筹县乡村三级公共文化设施建设，实现农村基本公共文化服务网络全覆盖

近年来，淅川县以构建现代公共文化服务体系为目标，按照省级示范区创建的条件和指标要求，加快城乡公共文化重点工程和基础设施建设，基本实现了"县有图书馆、文化馆、博物馆，乡镇有综合文化站，村有文化大院、文化墙"的建设目标，县、乡、村三级公共文化设施网络基本建成，基层公共文化设施条件大为改善，为文化公共服务均等化提供了资源载体和共享平台。

一是高标准建设县级文化场馆。新建县图书馆3700平方米，图书藏量达18万册，被国家文化部命名为"国家一级图书馆"；建成县文化馆2600平方米，开展文艺创作等业务的同时，还成立全省首家申遗机构，开展非物质文化遗产申报工作，被国家文化部命名为"国家一级文化馆"；先后两次对县博物馆进行了功能提升改造，现馆藏国家一、二、三级文物2.8万件，被评为为数极少的"全国重点县级博物馆"。此外，淅川县还大力加强公共活动场馆建设，投资1.9亿元建成了占地面积176亩的体育公园，为全县群众打造了综合文体娱乐场所。

二是全方位提升乡镇文化设施服务功能。近年来，淅川县新建、改扩建乡镇文化站（综合文化服务中心）15个，并为每个乡镇配备2~3名专职工作人员，全县17个乡镇综合文化站基本达到了有站舍、有活动阵地、有独立的文体娱乐设施的"三有"标准，成为功能完善、设施齐全的标准文化站。

三是全覆盖推进农村文化大院、文化墙和农家书屋建设。建成市县级新农村示范村和村级文化大院示范点 256 个，实现了 80% 以上的行政村和社区有文化活动阵地；累计建成农家书屋 499 个，实现了农家书屋建设全覆盖。仅 2015 年，淅川县就结合新型农村社区建设，新建农村特色文化大院 10 个，配套了电脑、音响、投影、书柜及大众健身娱乐设施。配合移民县内安置和美丽乡村建设，采取因地制宜、分步实施的办法，建成新型农村社区文化墙 100 个。目前，淅川平均每万人拥有公共文化设施建筑面积高于全省平均水平，初步形成了以县文化馆、图书馆、博物馆"三馆"为龙头，乡镇文化站为枢纽，村级文化大院为基础的公共文化设施网络，为实现全县各类文化设施的综合利用、共建共享打下了资源基础。

2. 创新公共文化管理运行制度，建立农村基层公共文化资源共建共享的长效机制

淅川县以深化文化体制改革为抓手，积极创新公共文化管理服务运行制度，有效避免了农村文化资源短缺与闲置并存的现象，提高了基层农村文化资源配置的效率，初步形成了农村基层公共文化资源共建共享的长效机制。

一是建立公共文化服务体系建设协调机制。淅川县先后印发了《中共淅川县委、淅川县人民政府关于深化文化体制改革、推动文化大发展大繁荣若干问题的意见》等有关文件，并在近三年的《政府工作报告》中明确提出"进一步完善公共文化基础设施，实施农村公共文化资源共享工程"等重大举措。[①] 同时，每半年召开一次全县文化建设专题会议，具体明确阶段性全县文化建设的总体要求、主要目标和具体任务，并就加大文化事业经费投入、推进公益性文化资源下沉共享等方面提出指导性意见。主要是统筹服务设施网络建设，促进基本公共文化服务标准化、均等化；整合党员教育、宣传、文化、科普、体育等公益性基础设施，建设地方综合性文化服务中心。

二是创新公共文化管理服务运行机制。明确公益性文化事业单位功能定位，明确年度全县文化工作重点，通过领导力量、责任目标、工作汇报、督察通报、奖惩兑现"五到位"措施，将各项重点工作落实到每一位主管领导、各乡镇（街道）、各股室和各二级单位，层层分解工作任务，细化责任目标，明确完成

---

① 《淅川县发展文化服务体系的经验与思考》，《南阳市人民政府公报》2015 年 12 月 15 日。

时限，及时加强联系沟通。

三是建立健全绩效评估考核体系，健全完善激励奖惩机制，通过实施定期汇报督察、季度通报交流、年底综合评比站队等措施，有效调动文化系统干部职工的积极性，促使其更好地履行公共文化服务职能，以最大限度地发挥公共文化设施的效能。

四是建立评价和反馈机制。推动惠民项目与群众需求对接，切实提高面向市场、面向群众提供公共文化服务的综合能力。

五是健全经费保障机制。逐步完善了县级财政专项投入、乡镇财政配套、向上争取项目资金和社会资本投入"四轮驱动"的多元化、多层次经费投入机制，为全县文化事业发展提供了稳定持续的经费保障。

六是建立文化事业管理的人才配备机制。淅川县出台了《村（社区）级文化员队伍建设奖励办法》，建立起规范化的村（社区）文化员管理体系。每年通过公开招聘的形式选派文化专业人员充实到文化馆、博物馆、图书馆，并为每个乡镇配备2～3名专职文化工作人员，保证了文化单位专业人才的足额配备。同时，制定实施文化人才队伍建设规划，通过"送出去学习、请进来培训、派下去辅导"的办法，先后组织举办了"舞龙舞狮、秧歌、版画、摄影"等各类培训班10余期，培养和造就了一大批文化文艺人才骨干队伍，为农村文化事业繁荣发展提供了人才保障。

3. 拓展公共文化产品供给途径和方式，鼓励多渠道参与农村公益性文化事业

公共文化产品能否达到有效供给，是关系公共文化资源共享能否实现的关键环节。近年来，淅川县不断转变文化发展理念，出台了《淅川县人民政府关于鼓励民间资本投资兴办文化事业的实施办法》等有关文件，推动政府部门由"办文化"向"管文化"转变，公共文化服务供给途径和方式不断拓展。

一是推动"三馆一站"免费开放，提升各类文化场馆设施的服务功能。县文化馆、博物馆、图书馆、乡镇综合文化站均制订了详细的工作方案，建立健全了各项管理制度，使每周免费开放时间达到了56个小时，以"三馆一站"为代表文化场馆免费开放已成常态。同时，充分发挥"三馆一站"的阵地作用，进一步挖掘资源潜能、创新服务方式、培育服务品牌、拓展服务领域，大力开展形式多样的社会实践和思想教育活动，使公共文化服务的质量和水平不断提升。

二是通过政府购买服务的方式，实现公共文化产品供给的市场化。引入市场

竞争机制，采用公开招标、竞争谈判等形式，向县域内外的文化团体、机构购买公共文化服务，开展了"舞台艺术送农民""家乡文艺送农民"等丰富多彩的文化下乡、文艺惠民活动，提高了公共文化产品和服务的效率和效益，也给当地国有文艺院团改革提供了机遇和空间。

三是推进文化建设市场化改革，鼓励社会资本投资文化产业和文化事业。淅川县以渠首搬迁和民居改造为契机，采取市场化运作、创新引资模式，引进河南金硕置业公司，打造占地 290 余亩，具有丰富文化内涵的集旅游、商贸、餐饮、住宿于一体的"陶岔风情小镇"；支持河南利隆投资管理公司投资 7 亿元，打造"南水北调移民生态文化苑"；吸引社会资本 4000 余万元，建成淅川南水北调"移民民俗馆"；在丹江大观苑知名景区开发移民文化旅游项目，传承和弘扬移民精神；引资 3000 余万元扩建荆紫关"豫鄂陕三省友谊广场"，集中展示三省最具特色的地域文化和民俗文化等。

四是强化文艺团队组建和培育，挖掘民间创作和演艺产品。先后成立了作家协会、书法家协会、摄影家协会等十大协会，全县 2000 余多名各级协会会员，通过开展形式多样的文化活动，活跃在全县各条文化战线；成立夕阳红表演队、重阳乐宣传队、丹江情秧歌队、金凤凰艺术团等各类 28 个民间业余文艺表演团队，组建村级文艺表演队近 700 个，吸纳城乡有文艺特长的社会人士和专业文艺工作者组建文化志愿者队伍，参与到基层文化建设和群众文化活动当中；组织各级文艺爱好者成立了各类民间文艺表演队，为民间艺人提供了展示文艺才能的舞台。

4. 组织丰富多彩的文化惠民活动，满足人民群众多层次文化需求

开展文化惠民活动是共享公共文化资源的最直接体现，是满足人民群众文化需求的最有效途径。近年来，淅川县各级文化部门和文化团体通过组织开展丰富多彩的文化惠民活动，不断丰富城乡文化生活，努力提升文艺活动的城乡覆盖面和社会影响力，以满足不同层次群众的文化需求。

一是重点做好重大节庆文艺演出活动的组织工作。利用电影公司和曲剧团等国有文艺团体，组织开展了送戏下乡、电影放映、舞台艺术送农民、广场戏剧演出等活动，基本实现了行政村居民每月看 1 场以上电影、每年观看 2 场以上戏剧文艺演出、每年利用传统节日组织 3 次群众文化活动的目标。

二是大力开展"欢乐淅川""渠首欢歌"系列广场文化活动。每年县乡两级

组织举办各类广场文化活动均在 200 场以上，有 100 余万人次参与广场文化活动，"渠首情"社区文化活动被省文化厅评为"优秀公共文化服务品牌项目"。

三是精心组织"唱响白河"等群众文化专场活动。2014 年以来，为配合社会主义核心价值观教育，开展了"唱响白河"淅川专场演出活动和"欢乐南阳·唱响白河"群众文化专场晚会。

四是依靠各类文化阵地组织举办社会文化活动。县博物馆组织举办了以"服务南水北调精神教育，助推水清民富目标实现"为主题的宣传教育活动、"渠首楚文物图片展览"活动、"小小讲解员带我感知博物馆"活动、"流动博物馆走进聋哑学校"活动等，共接待南水北调精神教育基地学员 50 余批；县图书馆举办了以"进馆读书交友"为主题的大型少儿读书活动及送书下乡活动，累计办理图书借阅证 12000 余个；县文化馆举办"迎通水·庆国庆"书画作品展览活动，为书画爱好者提供了一个"以书言志、以画寄情"的展示平台。

5. 搭建数字信息服务平台，实施文化信息资源共享工程

数字信息服务是现代社会文化传播的重要手段，也是文化资源共享的载体和方式，但素有偏远"小西藏"之称的淅川县，多年面临着公共文化服务远程服务能力不足、服务方式和手段落后等一系列问题。为此，淅川县大力实施文化信息资源共享工程，搭建"数字淅川""网上淅川"综合信息服务平台，努力突破"数字文化"的瓶颈。

一是全力实施文化信息资源共享工程。争取上级和地方共同投资，率先在全省建成了全国文化信息资源共享工程试点县，初步形成了覆盖全县的县、乡、村三级共享工程网络，建成 17 个乡镇、461 个村基层服务点，配套电脑、电视机、卫星接收器等设备 480 台套，基层服务点均达到规定标准，覆盖率达到八成以上。

二是实现广播电视数字化全覆盖。使平原乡镇全面实现电视数字化，在山区乡镇实施广播电视村村通工程，电视入户率达 100%。

三是推进特色数字资源库和网上文化便民服务平台建设，整合文化信息资源共享工程、数字图书馆建设工程、党员远程教育工程功能，搭建淅川数字公共文化信息资源服务平台。专门启动了"淅川文化体育信息专用整合展示系统"建设，即将开通集"网上博物馆、网上图书馆、网上文化馆、网上非遗馆、网上名人馆"等于一体的特色数字资源库和文化网上便民服务总平台，为全县人民打造

"网上文化超市、网上文化家园"。

四是继续推进各类文化场馆的数字化、信息化建设。县博物馆引入"三维"高科技并增设"虚拟翻书""虚拟讲解"等新项目，县图书馆率先在南阳市实现了公共图书馆借阅管理自动化，提高了免费开放水平；县图书馆、文化馆配备了智能触摸读报机、智能查询一体机等设备，进一步完善了信息化服务设施。2016年底，全县文化信息资源共享工程和数字图书馆推广工程将基本实现全覆盖，公共电子阅览室等正在试点基础上全面推进，年底基本可实现镇乡（街道）和村（社区）全覆盖的目标。

6. 做好文物挖掘修复和文化旅游推广，实现生态文化旅游资源共建共享

做好文物保护和非物质文化遗产传承工作，借助自然历史文化资源开展观光旅游，一定意义上也是公共文化资源的共享。淅川县自然风光秀丽、文物古迹众多、文化遗产丰富。近年来，淅川县各级文化和旅游部门切实加大文物保护力度，充分依据地方历史文化资源打造特色文化节庆活动、开发文化旅游精品线路，让人民群众在旅游观光中实现历史文化资源共享。

一是组织对南水北调库区文物进行抢救性发掘，做好文物保护和修复工作。面对南水北调库区文物抢救性发掘和修复工作的巨大压力，淅川县文物保护部门积极配合国内有关文保单位、国务院南水北调办公室和省文物局，先后从南水北调丹江库区抢救性发掘文物5万多件。淅川县现有荆紫关古建筑群和香严寺2处国家级文物保护单位，7处省保单位，133处县保单位，800多处一般文物保护单位。近年来，淅川县文保部门积极争取古建文物维修专项资金，组织对荆紫关禹王宫、香严寺斋堂、观音殿、塔院等基础设施进行改造维修，为文物保护和参观共享奠定坚实基础。

二是充分挖掘民间非物质文化遗产精粹，传承共享民间文艺资源。丹江号子、锣鼓曲、蛤蟆嗡、范蠡传说、鲤鱼闹莲等被列入省级非物质文化遗产保护名录，加强了民间艺术的传承与发展，实现了民间艺术人民共享。①

三是依托特色历史文化资源优势，打造淅川县文化品牌项目活动。淅川县积极依托楚国始都所在地的楚文化、以范蠡故里为代表的商圣文化、以三省交界荆紫关为代表的边界商贸文化、以佛教圣地香严寺为代表的宗教文化四大历史文化

---

① 《淅川县发展文化服务体系的经验与思考》，《南阳市人民政府公报》2015年12月15日。

资源，奋力打造历史文化名片。淅川县还充分发挥全县书法、版画历史和人才优势，深入挖掘和打造版画艺术产业品牌项目。

四是整合生态文化旅游资源，设计淅川县精品旅游线路，打造生态文化旅游产业带。淅川县按照《南水北调中线生态文化旅游产业带规划纲要》的要求，把沿线山水、古迹和南水北调重点景观工程串连成一条旅游复合廊道，打造出一条富有吸引力的精品旅游线路和生态文化旅游产业带。现在"渠首—丹江—香严寺—坐禅谷—荆紫关古镇"一线，已成为河南省精品旅游线路之一。全县旅游从业人员达到2万余人，文化旅游业已经成为淅川县后移民时代经济社会发展的重要产业。此外，淅川县各乡镇结合自身特色，围绕产业发展举办生态产业艺术节。香花镇举办了"辣椒文化节"，仓房镇举办了"柑橘采摘节"，开发了生态产业。

（二）农村公共文化建设存在的问题和原因

农村公共文化建设的"短板"已经影响到了乡村振兴战略的实施和精神文明建设的大局，对农村改革发展和社会和谐稳定带来不利的长远隐患，并在一定程度上加剧着城乡、区域发展的不平衡，亟待纠正和解决。这些问题多数是由长期城乡二元结构分割、地方财力不足等原因造成的，但也与公共文化建设管理体制机制不完善、重经济轻文化、重建设轻管理、重亮点轻系统、重城镇轻乡村等有很大的关系。

1. 重经济轻文化

河南公共文化事业发展相对滞后，一方面，因为经济欠发达和城乡二元结构分割的影响，文化事业经费投入总量少、比重低，欠账多；另一方面，跟过去地方政府对发展公益性文化事业、满足人民精神文化需求等看不见的"软件"重视程度不够有关。部分领导干部政绩观存在一定程度的偏差，认为经济发展是"硬指标"，文化建设只是"软任务"，可有可无。加之认为搞文化建设出力不讨好，投资大、周期长、见效慢、难量化，导致对于公共文化事业发展还是"说起来重要，做起来次要，忙起来不要"的现象。个别基层干部对文化建设缺乏自觉意识，重经济轻文化、重眼前轻长远、走过场重形式等现象仍然存在。

2. 重建设轻管理

随着近年来河南对公共文化设施建设的资金投入力度逐步加大，各镇村、街道社区公共文化设施在不断完善的同时，重建设、轻管理的现象较为严重。功能设置不合理、配套措施不完善、基层专职人员缺乏、利用率不高等问题突出。例如，一些地方对文化服务中心的创建活动高度重视，但在完成考核验收后就被闲置；有的乡镇将文化设施挪作他用，不能正常对外开放，导致利用率不高；个别地方的文体活动中心开放时间较短，环境卫生状况较差，加之无固定的专门人员负责，管理人员不懂管理或管理无序，资源闲置状况严重。一些地方室外健身活动器材的破损不能及时更新和维护，公共文化设施无章可循或有章不循，设施开放没有按照群众的生活规律进行，管理不规范、不灵活的问题依然严峻。

3. 重亮点轻全面

河南一些文化设施建设过程中还存在重亮点轻系统、重形式轻内容、重硬件轻软件的现象。例如，个别经济基础较好的乡镇文体娱乐设施修建得比较奢华，而一些偏远乡镇的综合性文化服务设施条件依然较为简陋。一些县城文化设施和乡镇文化大院建设存在盲目攀比、重复建设、缺乏因地制宜、搞形式主义、面子工程的情况。由于成本过大，运营不下去，财政负担严重。一些地方文化广场修的很高大上，但由于远离居民集中居住区，人气一直不高。个别地方文化墙画得很规整，但墙面的宣传标语长时间不更新，时效性、丰富性欠缺。一些农家书屋宽敞明亮但藏书不多、资料陈旧过时因而借阅率不高。一些乡镇文化站和村集体文化大院花巨资配齐了电脑、音响、投影、书柜和健身娱乐设施，但却由于开放时间短、组织活动太少处于闲置状态。某些领导干部不顾群众需要和当地实际，不惜利用手中权力搞劳民伤财、表里不一、华而不实却有可能为自己和小团体标榜政绩的工程。一些乡镇文化部门一年的工作重心就在于策划搞好1~2场大型文化演出，平时却很少举办实质性、群众性文化活动等。部分文化团体下乡开展的文化活动接地气不够，没能从实际和老百姓的需求出发，提供真正适应人民群众文化需求、老百姓喜闻乐见的文化产品等。

4. 重城镇轻乡村

多年来，我国文化建设普遍存在重城市、轻农村的现象，农村公共文化事业经费投入严重不足，文化设施建设欠账较多，这一现象在河南也不同程度的存在。例如，河南绝大部分文化资源如图书馆、博物馆、文化馆、体育公园等文化设施布局主要集中在城区，每年全省文化事业的经费很大一部分也都投在了市县文化设施场馆上。而在县以下的乡镇和农村，公共文化基础设施仍然较为欠缺，文化活动相对贫乏。仅有的乡镇文化站和文化大院等由于建设标准低、质量差、场地小、经费困难、运营维护不到位等，设备陈旧、站舍简陋，发展严重滞后，利用效率不高。此外，由于很多文化能人流入城区，导致乡村文化人才队伍青黄不接、人员思想不稳，也成为困扰农村文化建设的突出问题。

（三）推进农村公共文化共建共享的经验启示

农村公共文化建设的"短板"已经影响到了乡村振兴战略的实施和精神文明建设的大局，对农村改革发展和社会和谐稳定带来不利的长远隐患，并在一定程度上加剧着城乡、区域发展的不平衡，亟待纠正和解决。农村公共文化资源的共建共享，是全面建成小康社会的重大课题，是体现发展共享理念的长期实践过程，必须深入探索、大胆实践，全面系统地推进改革创新和机制构建。淅川县通过推进农村公共文化资源的共建共享，有效整合了当地丰富的历史文化资源，完善了现代公共文化服务设施网络，破解了农村公共文化资源短缺与闲置并存的矛盾，提高了农村公共文化产品的供给能力和利用效率。构建农村公共文化共建共享机制，可以从以下几个方面作出努力。

1. 建立公共文化建设协调机制，推动公共文化资源向农村基层倾斜

农村公共文化发展是国家公益性文化事业的重要组成部分，是政府应该向群众提供的基本公共服务，是政府责无旁贷的责任和义务。构建现代公共文化服务体系、推进基本公共文化服务均等化，必须坚持政府主导，突出城乡统筹，从法律制度、政策保障、财政投入、运行机制上确保广大人民群众在享有基本公共文化服务方面的权利均等、资源均等、机会均等。

一是要在构建现代公共文化服务体系上补齐"短板"。构建以公共财政支出为支撑，以公益性文化单位为骨干，以全体人民群众为对象，以保障基层群众参与公共文化活动、享受基本文化权益为主要内容，建立和完善现代公共文化服务体系。

二是要站在统筹城乡发展、改进乡村治理、实施乡村振兴的高度，统筹建设县、乡、村三级公共文化基础设施，完善基层文化服务网络，在文化设施布局和资源配置上向农村下移，引导文化资源向农村基层倾斜，着力解决文化发展城乡、区域不平衡的问题，不断缩小城乡文化发展差距，实现公共文化服务均衡可持续发展。①

2. 整合各类文化惠民资源，完善农村公共文化服务载体平台

当前，在农村普遍存在公共文化设施总量不足、布局不合理，优秀公共文化产品供给不足、公共文化资源短缺与闲置并存、难以有效整合的现象，已经构成基层农村文化建设的主要矛盾。推进农村公共文化资源共建共享，必须整合各类文化惠民资源，推进文化供给侧结构性改革，持续完善农村公共文化服务的平台和载体，全面提高文化服务的能力与水平，持续推进公共文化领域供给侧改革。

一要继续完善公共文化设施网络，建立统一的公共文化服务平台。要按照中央要求，积极整合宣传文化、党员教育、科学普及、体育健身等现有设施，推进基层综合性文化服务中心建设，稳步探索基层公共文化服务资源的方式和途径，实现共建共享，提升综合效益。

二要以群众实际文化需求为中心，精心设计产品内容和服务项目，加大文化下乡和文化惠民力度，不断提高农村地区公共文化产品供给能力，打通公共文化服务的"最后一公里"。

三要有效整合农村现有的公共文化资源，打破条块分割、重复建设、多头管理的现状，"统筹城乡公共文化设施布局、服务提供、队伍建设、资金保障，实现农村、城市社区公共文化服务资源整合和互联互通"②。

3. 创新公共文化管理运行机制，提升农村公共文化服务能力和水平

推进农村公共文化共建共享，必须坚持基础设施建设和管理运行并重的原则，创新管理运行机制，提升服务能力和水平。

第一，完善党委领导、政府负责、部门协同的公共文化服务机制，建立健全公共文化设施管理运行体系。③ 通过规范服务项目和流程，有效提高农村公共文化资源的利用效率和公益性文化设施的管理服务水平。

第二，要创新基层公共文化管理机制。推广菜单式服务，开展参与式管理，引导村民参与文化服务项目规划建设和管理监督，维护农民群众的自主选择权益。

第三，加大涉农公益性文化事业单位的改革力度。理顺政府和文化事业单位

① 刘刚：《农村公共文化共建共享机制研究》，《中共郑州市委党校学报》2018 年第 4 期。
②③ 《关于加快构建现代公共文化服务体系的意见》，《人民日报》2015 年 1 月 15 日。

之间的关系，落实法人自主权，强化公共服务职能，增强市场发展活力，发挥其在农村文化公共服务中的骨干作用。

第四，完善公共文化服务评价工作机制。健全绩效考核体系，完善激励奖惩机制，把公共文化建设作为考核评价县乡领导班子干部政绩的重要内容，考评结果作为选人用人的重要依据。

4. 转变公共文化服务供给方式，引导社会力量共同参与农村公共文化建设

随着市场经济的不断发展，必然要求加快转变政府职能，明确政府、企业和社会组织的角色和定位，建立多元供给机制，推动治理主体多元化，形成共建同享的格局。推进公共文化共建共享，必须切实转变公共文化产品和服务提供方式，多途径、多渠道地引导社会力量共同参与文化建设。

一要实现"办文化"到"管文化"的转变，建立公共文化服务政府采购制度。支持民营文化企业和相关社会组织的产品和服务进入采购目录，对各类主体一视同仁，建立公平、公正的竞争环境。通过政府购买、社会资助等形式推动公共文化服务社会化发展，提升服务效能。

二要深化县乡公共文化机构内部的劳动人事和收入分配制度改革，完善服务规范和服务标准，强化服务功能，激发公共文化机构的活力。

三要"建立公共文化需求的反馈和评估机制，推动形成以人民群众需求为导向的公共文化服务模式，增强公共文化产品和服务的吸引力"。①

5. 推进"互联网＋文化"，提高农村文化资源利用效率和影响力

当今时代是以互联网技术引领的信息化时代，互联网已经成为人类社会最重要的基础设施之一。"互联网＋"也已经上升为国家战略，成为传统行业改造升级的重要利器。推动"互联网＋文化"，实施"全国文化信息资源共享工程"，是我国推进文化事业发展的重要战略规划。推进农村公共文化资源共建共享，必须站位高远、拓宽视野，认真研究现代信息传播的特点和规律，推进"互联网＋文化"的健康快速发展，提高文化资源利用效率和影响力。

第一，要积极整合优秀文化资源和信息资源。整合党员远程教育工程、文化信息资源共享工程、数字图书馆和文化馆建设工程功能，提高基层网络文化产品服务供给能力，促进文化精品网络传播，推进优秀文化信息资源共建

---

① 《关于加快构建现代公共文化服务体系的意见》，《人民日报》2015 年 1 月 15 日。

共享。

第二，加快推进公共文化服务数字化建设。统筹实施网上数字图书馆、文化馆和博物馆等建设，积极发展数字书屋、卫星电视、数字电影等项目，构建互联互通的农村公共文化数字化服务网络。

第三，提升公共文化服务现代传播能力。大力推进"三网融合"，推广面向农村的数字移动终端载体和有线电视网络建设，努力构建传播快捷、覆盖广泛的农村公共文化服务平台体系。

6. 挖掘利用地方文化资源，丰富公共文化资源共享内容和形式

文化是一个地方的灵魂和名片，是一个地方最重要的无形资产。充分挖掘地方文化资源，推动文化资源"物化、活化、转化"，打造特色鲜明的地方文化品牌，是传承创新地方历史文化的重要途径，是发挥文化对经济社会的支撑和推动作用的重要法宝。近年来，淅川县文化主管部门充分依据当地特有的文化和自然资源，组织特色文化节庆活动，设计文化旅游精品线路，打造了"楚文化""商圣商贸文化""移民文化""水文化"等一系列文化品牌，有效提升了淅川地域文化的影响力和吸引力，推动了淅川文化的"走出去"和共享传播。淅川县的经验告诉我们：推进农村公共文化资源共建共享，必须要充分挖掘利用富有地方特色、老百姓喜闻乐见的地方文化资源，打造特色鲜明的地域文化品牌，丰富公共文化资源共享的内容和形式。

一要坚持保护和开发并用，推进文物和非物质文化遗产资源共享。继续推进重大和重点文物保护工程，提升非物质文化遗产保护水平，加强对非物质文化遗产传承人的培训，让非物质文化遗产成为农民群众的文化"小鲜"。

二要科学利用特色文化资源，推动旅游文化资源共享。加强对文化名城名镇的建设，与旅游、科技、体育结合起来，做到优势互补、共同发展，打造特色各异的文化旅游品牌。

三要重视挖掘地域内的传统工艺、历史人物、名篇名著、戏曲、绘画、民间传说等，经过策划和整合，促使其成为具有市场潜力的文化产业项目，并依托品牌活动和营销网络，促进本地特色文化产品"走出去"。

第二节　推进新时代乡风文明建设

党的十九大提出"产业兴旺、生态宜居、乡风文明、治理有效、生活富裕"的乡村振兴战略的总要求。这五个方面相互联系、相互促进，是"五位一体"总布局下实现农业农村现代化的战略部署。乡风文明作为乡村振兴的关键环节，不仅体现着精神文明层面的发展境界，而且为其他层面的发展提供思想保证和精神动力，在乡村振兴战略中的位置至关重要。

（一）新时代乡风文明建设的着力点[①]

1. 加强党的领导

乡村社会风气出现的问题，仅靠乡村社会的自我调节已经失灵，必须也只能依靠党委政府的主动干预和有力引导。这就需要统筹整合基层党建、宣传文化、群团组织等各方面力量，通过宣传引导和处罚监管并重，形成各部门齐抓共管协调配合的强大合力。此外，要想真正把乡风文明建设这个"虚功"实做，还需要把乡风文明纳入乡村振兴整体实施方案，通过明确指标体系、量化考评内容、加强督导问责，构建省市县乡村五级联动的农村精神文明建设工作格局。

2. 注重典型示范

乡风文明建设中发挥榜样的示范和引领作用，需要用好用活以下三种力量。

一是从党员干部抓起，规范农村党员和公职人员纰织参与红白喜事等重大活动的标准和报告制度，以党风政风的扭转带动乡风民风的改善。

二是广泛开展"道德模范、身边好人、好媳妇、好婆婆"等各类典型选树活动，通过旗帜鲜明的肯定，树立农民群众身边的先进典型。

三是弘扬传统乡贤文化，注重发挥老党员、老模范、老教师、老干部、老能人等新"乡贤五老"的示范引领作用，激励带动广大群众崇德向善、见贤思齐。

---

① 本部分内容节选自笔者曾在《学习时报》上刊发的一篇文章。参见刘刚：《为乡村全面振兴提供精神动力》，《学习时报》2018 年 11 月 2 日。

3. 充分发动群众

乡风文明建设要想起到事半功倍的效果，一定要尊重农民的主体地位，让广大农民群众参与进来，这样才能变政府单方面的宣传灌输为村民的自律和自治，让空洞说教的大道理变成群众自己的身边事，潜移默化地促进淳朴民风的形成。现在各地都在设立"一约四会"，这是充分发动群众参与的有效形式。但相对于健全组织和制度上墙，更重要的是切实发挥实质性作用，这样才可能在实践中得到群众的认同并起到约束效果。

4. 创新载体形式

文明乡风既要靠宣传倡导，更要靠实践养成，这就需要接地气的载体和形式，通过活动把群众组织起来。要像抓文明城市创建一样，设立专项经费和激励机制，在乡镇开展"文明村镇"创建活动，在农村开展"星级文明农户""五好文明家庭"评选活动，激发基层参与文明乡风建设的主动性和积极性。此外，借鉴各地实践经验，还可以以"传家训、立家规、扬家风"为主题，开展家庭美德教育活动；以关爱农村留守儿童、留守妇女、留守老人为重点，推进志愿服务进农村活动，从而调动各方面力量，引导形成向上向善、敬老孝亲、重义守信的农村精神文明新风尚。

5. 建立长效机制

一方面，乡风文明是乡村振兴的长期历史任务，是一项复杂的系统工程，需要常抓不懈、久久为功；另一方面，乡风文明建设是做人心的思想工作，而且是面对科学文化素质相对较低的农民群众，这也是其在乡村振兴全局中的难点所在。因此，推进乡风文明建设，要避免形式主义，切忌搞一阵风。要探索建立乡风文明建设长效机制，同时，尽快补齐农村公共文化服务的"短板"，推动文明乡风建设制度化和常态化。

（二）深化乡风文明建设的对策建议

党的十九大从党和国家事业发展全局的高度，对新时代中国特色社会主义发展作出了战略部署，要求决胜全面建成小康社会、实现第一个百年奋斗目标，并乘势而上开启全面建设社会主义现代化国家新征程，向第二个百年奋斗目标进军。推进乡风文明建设，是贯彻落实党的十九大精神的具体举措，是实施乡村振兴战略的重要内容，是深化农村精神文明建设、助力脱贫攻坚、决胜全面小康的基础工程，需要把方方面面的作用发挥出来，把各种力量凝聚起来，形成同向同力的工作局面。

1. 提升农民思想道德素质

一要加强理想信念教育。结合学习宣传贯彻党的十九大精神和实施乡村振兴战略、脱贫攻坚等工作，大力宣传党的惠民政策，引导农民群众坚定跟党走中国特色社会主义道路的决心和信心。

二要加强文明素质教育。广泛开展道德模范、身边好人、新乡贤、好媳妇等各类先进典型选树活动，加大宣传力度，发挥先进典型示范作用。推动志愿服务向农村延伸，在农村广泛开展党员志愿服务活动。加强农村诚信建设，强化责任意识、规则意识，风险意识。

三要加强科技、卫生知识教育。充分利用农民夜校、各类职业技术学院、农技推广服务站等教育培训资源，鼓励支持企业、合作社组织、民营机构等参与对农民开展种植养殖技术培训、外出务工技能培训，提升农民的科技文化素质和职业技能水平。大力开展健康卫生知识教育，引导农民群众养成健康文明的生活方式。

四要加强家庭美德建设。持续深化文明家庭、星级文明户创建活动，广泛开展"传家训、立家规、扬家风"和"小手拉大手"活动，倡导尊老爱幼、男女平等、夫妻和睦、勤俭持家、邻里团结的传统家庭美德，以千千万万农民家庭的好家风支撑起广大农村的好风气。

2. 推进乡村社会移风易俗

一要坚持党员干部带头。农村党员干部既是移风易俗的推动者，更是践行者，在乡村事务管理中具有不可替代的示范带动作用。要把推动移风易俗与农村党员干部的教育管理结合起来，引导党员干部带头执行移风易俗各项规定，带头抵制各种不良风气，以自己的模范行为影响身边的群众。

二要充分发挥"一约四会"作用。通过建立切合当地实际的村规民约，规范和约束村民行为；通过建立村民议事会、道德评议会、红白理事会、禁毒禁赌协会等村民自治组织，使乡风文明建设有人管事、有章理事，广泛开展乡风、村风评议和村民道德评议，使健康有益文化占领农村思想阵地。

三要积极创新结合点和突破口。紧密联系实际，将移风易俗工作与农村物质文明、政治文明、社会文明、生态文明建设以及脱贫攻坚等工作有机结合，实现多种措施多层面驱动移风易俗取得实实在在的效果。如与脱贫攻坚相结合，开展孝善敬老扶贫活动，通过建立孝善理事会、设立孝善基金、张贴孝善光荣榜等方式大力传承孝道文化，助力脱贫攻坚。

3. 弘扬乡村优秀传统文化

一要建好用活农村文化设施。以标准化、均等化为主攻方向，大力加强农村公共文化服务体系建设，保障农民群众看电视、听广播、上网、看戏、读书看报等文化权益。用好用活各类文化惠民设施，让农民群众真正得到文化享受。中宣部等4部门组织实施的贫困地区百县万村综合文化服务中心示范工程，效果很好，在基层很受欢迎，建议继续实施该工程，进一步扩大支持建设范围。

二要广泛开展文化活动。注重内容的针对性，大力推进网络文化服务平台建设，让农村文化供给更优质、更精准、更便捷。要运用好文化科技卫生"三下乡"、送欢乐下基层、文艺志愿服务等平台载体，搭建文化传输的桥梁，送书送戏送电影下乡。

三要保护弘扬优秀传统文化。立足继承、创新发展优秀传统文化，充分挖掘具有农耕特质、民族特色、区域特点的乡土文化，利用农闲和各类节日组织集市灯会、戏曲、杂技、文艺演出、劳动技能比赛等民俗文化活动，不断增强农村文化生机和活力。开展特色文化小镇建设，加大传统村落保护，把优秀传统文化内涵更好更多地融入农村生产生活各方面。

4. 完善乡风文明建设长效机制

以完善工作机制为着力点，力求乡风文明建设常态长效。

一是进一步完善领导体制和工作机制。通过建立联席会议制度、明确责任分工等方式，积极动员各方力量，整合各种资源，形成整体联动、齐抓共管的工作格局。

二是建立健全乡风文明建设目标考核评价机制。将工作目标任务加以分解，并进行定性和定量化处理，形成便于考核的各级指标体系，完善考核办法和考核结果运用，使乡风文明建设由软变硬、由虚变实，增强乡风建设工作的刚度硬度。

三是建立奖励机制。出台乡风文明的激励政策，探索实行以奖代补等方式，对乡风文明建设先进单位和个人进行奖励，调动工作积极性。

第三节 实施乡村德治工程

农民是乡村振兴的主体，农民思想道德素质高，是推进乡村振兴的关键。近年来，农村思想道德建设取得良好成效，但也面临来自乡村转型的严峻挑战。要坚持教育引导、实践养成、制度保障，切实践行社会主义核心价值观，实施农民思想道德提升工程，加强农村思想文化阵地建设，倡导诚信道德规范，构建道德建设长效机制，为乡村振兴提供思想保障。

（一）推进乡村德治建设的实践探索

近年来，河南各地积极落实中央关于乡村德治建设的意见要求，在实施乡村振兴和脱贫攻坚战略进程中，充分发挥基层农村的主动性、创造性，围绕乡村德治建设开展了一些卓有成效的探索，为树立文明乡风和健全乡村治理体系提供了重要支撑。

1. 推动移风易俗常态化制度化

河南出台《推动移风易俗树立文明乡风三年行动计划》，开展示范乡镇和示范村建设工作。通过健全完善"一约四会"（村规民约和红白理事会、道德评议会、村民议事会、禁毒禁赌协会）建设等，有力遏制了部分农村地区大操大攀比浪费的不良风气。截至 2019 年 6 月，全省共有 28189 个行政村成立"一约四会"，占全部行政村的 60.9%。商丘市柘城县成立红娘协会，组织签订不哄抬高价彩礼承诺书，加强对婚庆公司的监管引导；宁陵县规定白事"四菜一汤"标准，喜事随礼不坐桌。

2. 积极选树各类先进典型

河南充分挖掘典型榜样力量，广泛开展道德模范和农村好媳妇、好儿女、好公婆等选树活动，先后涌现了一批在全省、全国有重大影响的道德模范和先进典型。卢氏的"文明家庭""最美党员"评选、柘城的"好媳妇、好婆婆"评选、西峡的"家风之星""美德之星"评选等，用身边的凡人善举感化人、教育人，淳化了乡风民风；信阳市组织道德模范和新乡贤走进农村开展新风故事讲述活动。全市评选表彰最美人物 460 名、身边好人 1800 人、好媳妇、好公婆、好妯娌 1.5 万人、美德少年 780 人；光山县制定了《星级文明户评选管理办法》，把庭院环境等内容纳入星级文明户和文明家庭考评内容，较好地起到了示范带动作用。

3. 持续弘扬家风家训

河南各地深入挖掘乡村熟人社会蕴含的道德规范，教育村民以德治家、文明立家、勤俭持家、和谐兴家，努力营造文明和谐的乡村氛围。安阳市制定《"传家训、立家规、扬家风"活动实施方案》，引导各村各户晒家训、评家风，让好家风家训代代相传；济源市开展好家风好家训好家规评选活动，选最美家庭、晒家庭幸福照、悬挂好家训家规。淅川县开展了"弘扬移民精神、弘扬好家风家训，争做最美淅川人"主题教育实践活动，通过"好家风家训征集寻访评选展示""党员干部立家训晒家风"等活动，在全社会营造文明礼仪、孝老爱亲、崇德向善的浓厚氛围。

4. 深化文明村镇创建

修订《文明村镇测评体系》，把乡风文明的要求贯穿文明创建全过程。河南省文明办会同省委农办、省财政厅出台文明村镇创建政策激励措施，列支 2000 万元对获得全国文明村镇和省级文明村镇的进行奖励。一些市县也相继出台了文明村镇创建激励政策，在实践中发挥了很好的作用。郑州市明确市级以上文明乡（镇）可享受同级文明单位待遇，对获得市级、省级、全国文明村的，市财政分别一次性奖补 10 万元、15 万元、20 万元，并明确要求所在县区参照市级标准进行一比一配套奖补；汝州市对评选出的文明村，根据不同星级，分别奖励 3 万 ~ 6 万元村庄建设资金，并对文明村的学生、老人分别给予发放学习用具、免除学杂费和免费乘车、免费体检等政策，真正让文明村群众政治上有荣誉、经济上得实惠、社会上受尊重，调动了创建积极性。广泛开展城乡共建。坚持以城市带农村、以机关带基层、以党员带群众，推动全面创建、全域创建、全民创建。突出城乡统筹发展，推动现代文明生活理念从城市向农村延伸。连续组织开展了四批文明单位结对帮扶农村精神文明创建活动，动员各级文明单位履行社会责任，加强与农村的结对共建，既重视物质帮扶，更重视精神帮扶、文化帮扶、科技帮扶。

5. 推广农村志愿服务

安阳市鼓励各村成立志愿服务队伍，以空巢老人、留守儿童、残障人士为重点服务对象，通过集中服务、结对帮扶等形式，开展关爱行动。目前，全市农村建设志愿服务站 50 余个，志愿服务点位 300 余个，全年开展各类活动 1000 余场次。济源市在农村开展邻里守望志愿服务活动，倡导农民就近送温暖献爱心，通过组织义务植树、清洁家园等活动，扩大社会影响。

6. 推行孝善敬老

针对 60 周岁以上老年人，因与子女分户又缺乏劳动能力而导致贫困的现象，大力加强孝善宣传教育，广泛开展孝善理事会建设，认真制定活动章程，建立激励约束机制，对孝敬老人的子女进行表彰鼓励；对不赡养老人的子女，要求他们签订赡养承诺书，督促其履行赡养责任。建立孝善光荣榜，宣传孝善典型，大力弘扬孝老爱亲的传统美德。各地积极创新形式，大力开展孝善敬老活动。如巩义市广泛开展"孝心示范村"创建活动；临颍县开展孝亲感恩"五个一"活动（每天一个问候、每周看望一次老人、每月陪老人进行一次户外活动、每年为老人体检一次、为老人生日煮一碗长寿面），将传统的孝德具体化，以孝暖人心、提素质、淳民风。

7. 突出"志智双扶"

与精准扶贫相结合，坚持从教育引导入手，突出思想"扶志"、教育"扶智"，实现精准扶贫与精神扶贫紧密结合、共同推进。组织文明单位深入农村地区开展文化扶贫、科技扶贫、医疗扶贫、教育扶贫等，增强农民群众自我发展能力和脱贫致富能力。光山县在每个乡镇、街区设立大型公益扶贫广告 200 多个，宣传党的十九大精神、社会主义核心价值观，"安贫可耻、脱贫光荣"的宣传标语随处可见；开展"扶贫之星""脱贫之星""文明农户"评选表彰活动，在县、乡、村组织开展脱贫攻坚先进事迹巡回报告 360 多场，激发了贫困群众干事创业、争当先进的热情。柘城县组织动员全体党员深入农村，开展每月进行一次扶贫政策宣讲、召开一次家庭谈心会、参加一次田间劳动，每周帮助贫困户打扫一次家庭卫生、做一次饭、洗一次衣服、叠一次被子，每年陪同一次健康体检为主要内容的"八个一"亲情帮扶活动，促进了党员干部作风转变，密切了党群干群关系。

8. 加强诚信建设

以"诚信，让河南更出彩"为主题，大力开展诚信教育和舆论监督，建立奖惩机制。开展诚信村、诚信户、诚信之星创评活动，进一步形成了讲诚信、重诚信、守诚信的良好社会环境。在全省推广卢氏金融扶贫做法，采用"三好三强"的标准，为农户对标打分，评定为四个信用等级，分别授予5万元、10万元、15万元和20万元的纯信用贷款，通过加强农村信用体系建设，解决群众贷款难问题，提高群众契约意识和信用意识。

9. 加强公共文化建设

以社会主义核心价值观引领，联系农村生产生活实际和农民群众思想实际，在贯穿结合融入、落细落小落实上下功夫，推动社会主义核心价值观在农村落地生根，培育文明乡风。加强文化设施建设。在贫困县建立了663个村综合文化服务中心示范点，在全省建立了1841个乡村学校少年宫，并加强督导检查，使这些文化设施真正发挥作用。开展村史文化墙、村史馆建设。河南省文明办资助全省各地建设村史文化墙1150个，带动各地自建村史文化墙1万多个，"村史文化墙"图文并茂，以生动活泼、群众喜闻乐见的形式，展示村史村情、传统民俗、移风易俗、脱贫攻坚等内容，传承历史文化、弘扬传统美德。郑州市建设村史馆78个，宁陵县在建设村史馆的同时，编印村史村训，倡导文明乡风。大力推进"百姓文化云"建设。由传统的政府"端菜"转变为让百姓"点菜"，形成"超市化"供应模式，打造了一个覆盖城乡、共建共享的服务平台，让农村公共文化供给更优质、更精准、更便捷。广泛开展"我们的节日"主题活动，深入挖掘传统节日蕴含的教育资源，策划开展了"暖暖新年""情暖端午""浪漫七夕""浓情中秋""久久重阳"等主题活动，大力宣扬孝老爱亲、爱国爱家、向上向善、家庭团圆等节日内涵，引导群众传承弘扬中华民族传统美德。林州市组织实施了"一镇一歌、一村一歌"工程，西峡县二郎坪镇连续6年组织开展"草根春晚"，在丰富群众文化生活的同时，凝聚了人心，弘扬了正能量。

（二）乡村德治中存在的问题分析

尽管近年来河南全省农村思想道德建设取得了明显成效，农民的思想道德素质和科学文化素质得到显著提高，农村社会道德风气发生了可喜变化，但同时也存在一些不容忽视的问题，突出表现在以下几个方面：①道德滑坡，一些农民

"钱袋鼓了、良俗丢了"，不孝父母、不管子女、不守婚责、不睦邻里现象增多；②法治意识淡薄，部分农民法律认知水平仍然较低，不懂法、不会用法，存在无知违法、畏法息诉倾向，甚至在个别地区黄赌毒现象不同程度的存在；③封建迷信抬头，看风水、请算命、看邪病，严重影响着人们的思想和行为；④集体主义观念淡薄，一些农民"钱袋满了，脑袋空了；生活好了，人心散了"，干群之间、宗族之间、邻里之间的误解和矛盾纠纷多元存在。

一是少数基层干部思想认识不到位。少数基层干部认为精神文明建设是"软任务"，做起来难度大、见效慢，对精神文明建设存在号召多、落实少的问题。一些基层干部抓农民思想教育工作的积极性不高、投入精力不足，对农民思想教育工作缺乏有效的考核机制，缺乏可行的考核办法。

二是农村精神文明建设发展不均衡。由于各地区之间自然条件、经济条件、重视程度不一等原因，造成抓精神文明建设力度不同。经济基础差的村对精神文明的重视不够，村民的文化生活及文化设施相对较弱，一定程度上影响了精神文明建设工作的开展。特别是当前青壮年进城务工，留守儿童、农村老龄化等问题突出，影响了精神文明建设的有效推进。

三是农村陈规陋习和不良风气仍然存在。调研中发现，部分农民还存在随地吐痰、便溺、乱倒垃圾、不遵守交通规则等不文明行为，与现代文明要求还有较大差距。同时，部分经济比较宽裕的农民还存在婚丧嫁娶大操大办、天价彩礼、薄养厚葬等问题。

四是农民群众主动参与积极性不高。部分农民认为现在搞的是市场经济，就是要想方设法多挣钱，精神文明建设无足轻重。也有部分贫困群众思想消极，自我脱贫的技能和动力不足，主体意识不强，"等靠要"思想严重。

农村思想道德建设存在的问题，归根结底无外乎两个方面：一方面，乡村治理滞后，一些农村基层党组织软弱涣散，在改革开放不断深化和社会主义市场经济迅速发展的新形势下，农村基层新情况、新问题不断涌现，现有的治理方式和治理模式遭遇前所未有的挑战；另一方面，农村社会发生深刻变革，农民法律意识和民主意识有了增强，利益诉求呈现多元性、差异性，由此带来的是农村思想政治工作内容的复杂性，如果群众思想道德工作不能与时俱进，依然形式单一、空洞说教，势必导致群众的对抗心理和抵触情绪。

（三）加强乡村德治建设的具体路径

1. 践行社会主义核心价值观

采取符合农村特点的方式方法和载体，充分运用各公关媒体、文艺作品、公益广告和群众性文化活动，广泛开展理想诚信教育，大力弘扬民族精神和时代精神。强化实践养成，注重典型示范，开展文化培育，精心设计开展多样化农民群众喜闻乐见的活动。把社会主义核心价值观融入法治建设，更好地运用法治手段维护社会公共价值，推动公正、文明执法，彰显社会主流价值，推动乡村社会治理体现社会主义核心价值观要求。

2. 实施农民思想道德提升工程

以培育时代新人为着眼点，提升农民思想道德素质。

一是加强理想信念教育。结合学习宣传贯彻党的十九大精神和实施乡村振兴战略、脱贫攻坚等工作，大力宣传党的惠民政策，引导农民群众坚定跟党走中国特色社会主义道路的决心和信心。

二是加强文明素质教育。广泛开展道德模范、身边好人、新乡贤、好媳妇等各类先进典型选树活动，加大宣传力度，发挥先进典型示范作用，推动志愿服务向农村延伸。

三是加强科技、卫生知识教育。充分利用农民夜校、各类职业技术学院、农技推广服务站等教育培训资源，鼓励支持企业、合作社组织、民营机构等参与对农民开展种植养殖技术培训、外出务工技能培训，提升农民的科技文化素质和职业技能水平。大力开展健康卫生知识教育，引导农民群众养成健康文明的生活方式。

四是加强家庭美德建设。持续深化文明家庭、星级文明户创建活动，广泛开展"传家训、立家规、扬家风"和"小手拉大手"活动，倡导尊老爱幼、男女平等、夫妻和睦、勤俭持家、邻里团结的传统家庭美德，以千千万万农民家庭的好家风支撑起广大农村的好风气。

3. 加强农村基层公共文化阵地建设

深入开展文明家庭、五好家庭、省级文明户和寻找"最美家庭"等活动。重视做好家庭教育，传承良好家风家训，形成爱国爱家、相亲相爱、崇德向善，共建共享的社会主义家庭文明新风尚。完善文化科技卫生"三下乡"长效机制，针对农民群众反映最突出的问题，开展专项文明行动。

一是建好用活农村文化设施。以标准化、均等化为主攻方向，大力加强农村公共文化服务体系建设，保障农民群众看电视、听广播、上网、看戏、读书看报等文化权益。用好用活各类文化惠民设施，让农民群众真正得到文化享受。中宣部等四部门组织实施的贫困地区百县万村综合文化服务中心示范工程，效果很好，在基层很受欢迎，建议继续实施该工程，进一步扩大支持建设范围。

二是广泛开展文化活动。注重内容的针对性，大力推进网络文化服务平台建设，让农村文化供给更优质、更精准、更便捷。要运用好文化科技卫生"三下乡"等平台载体，搭建文化传输的桥梁，送书送戏送电影下乡。

三是保护弘扬优秀传统文化。立足继承、创新发展优秀传统文化，充分挖掘具有农耕特质、民族特色、区域特点的乡土文化，利用农闲和各类节日组织集市灯会、戏曲、杂技、文艺演出、劳动技能比赛等民俗文化活动，不断增强农村文化生机和活力。开展特色文化小镇建设，加大传统村落保护，把优秀传统文化更好更多地融入农村生产生活。

（四）实施乡村德治工程的对策建议

1. 以道德建设为重点，提升农民文明素质

深入挖掘传统道德教育资源，推进社会公德、家庭美德建设，持续提高乡村社会道德水平。加强农村社会诚信建设，健全征信系统，完善守信激励和失信惩戒机制，强化农民的责任意识、规则意识和集体意识、主人翁意识。持续开展寻找最美乡贤、乡村教师、医生、村官等选树活动，推广道德评议，建立道德激励约束机制，用民间舆论、群众评价的力量褒扬社会新风、批评不良现象，引导农民自我管理、自我教育、自我提高。培育新乡贤文化，以乡情为纽带，以优秀基层干部、道德模范、身边好人的嘉言懿行为示范引导，涵育文明乡风。

2. 以文明创建为载体，提高农村社会文明程度

以《文明村镇测评体系》为导向，以文明村镇、美丽乡村、文明家园等创建活动为抓手，深入推进文明创建、文化惠民、道德典型、移风易俗等示范工程，持续深化文明家庭、星级文明户创建活动。选树乡村德治先进典型。继续组织开展农民道德模范、好公婆、好媳妇等选树活动，大力弘扬尊老爱幼、邻里和睦、勤劳致富、扶贫济困的文明风尚，引导农民向上向善、孝老爱亲、重义守信、勤俭持家。加强科技、卫生知识教育，利用基层党校、农民夜校等资源，鼓励支持企业、合作社组织等参与对农民开展技能培训，提升农民的科技文化素质和职业技能水平。

3. 充分发挥"一约四会"作用，促进乡村移风易俗

规范村规民约的制定和修改工作，促使其更加契合现代法治理念，更好地规范和约束村民行为。完善村民议事会、道德评议会、红白理事会等村民自治组织，遏制人情攀比等陈规陋习，使乡村德治建设有人管事、有章理事。规范农村党员和公职人员组织参与红白喜事的标准和报告制度，引导党员干部带头执行移风易俗规定，带头抵制各种不良风气，以党风政风的扭转带动乡风民风的改善。

4. 以文化建设为抓手，丰富农民精神文化生活

继续抓好基层综合文化站、农家书屋等阵地建设，提高公共文化服务均等化水平。深入挖掘农村乡土、历史、人文资源，组织开展具有鲜明地方特色、群众喜闻乐见的文体活动。大力培育、扶持农村文化团体和文艺骨干，加强培训指导，打造农民身边的文明宣传队和道德宣讲队。创新宣传内容和活动载体，通过送戏下乡、文艺演出、远程教育等形式开展社会主义核心价值观和优秀传统文化的宣传教育，引导农民树立科学思想，养成文明习惯，追求健康生活，营造崭新风尚。

第四节　培育新乡贤参与乡村治理

新乡贤作为参与乡村治理的嵌入力量，利用其独特的地缘优势及宗族关系，在国家行政权力下接至乡村自治的中间地带，有效发挥增强社会结构弹性、减少国家与社会间摩擦的作用，对于重塑乡村道德风尚、实现乡村良性治理具有重要的实践意义。要深入挖掘地方传统乡贤文化，搭建新乡贤参与乡村治理的载体平台，积极吸引新乡贤参与乡村治理，构建乡贤参与乡村治理的机制，为新乡贤发挥作用提供平台支撑。

（一）乡贤参与是乡村治理的重要途径

乡贤，旧时又称乡绅，是指在本乡本土知书达理、才能出众、办事公道、德高望重之人。这些乡贤或以学问文章，或以清明善政，或以道德品行等赢得乡邑百姓的高度认同和效仿，从而带动形成良好乡风。本书所说的新乡贤，是指在当代乡村，一些曾为官在外而告老还乡，或在外为教而返归乡里，或长期扎根乡间而以自己的知识才能服务乡间的一些有爱乡情怀的人。这些人不仅具有乡土情怀、道德品行、伦理情操等，还有现代知识技能和新的文化视野，既可以发挥道德引领作用，还能起到新文化、新观念、新思想、新技能传播者的作用；不仅可协调和化解乡村邻里矛盾，还能发挥引导舆论、明辨是非、凝聚人心作用。在乡村治理主体普遍弱化、乡村治理对象日益多元化、基层治理环境渐趋复杂化的背景下，新乡贤可在优化乡村治理文化、改进乡村治理手段、提供乡村治理资源等方面发挥独特作用。

随着城镇化、工业化进程的不断加快，"空心化"问题在农村也日益突出。大批有文化、有能力的农村青壮年人进入城市务工经商，从而造成农村人口在年龄结构上的分布极不合理，现在许多地方留守在农村居住和生活的基本是妇女、儿童和老人。这些农村居民或年老体弱，或年幼无知，而且文化素质和受教育程度较低，普遍缺乏参与乡村治理的能力，难以承担起乡村治理的重任。与此同时，随着乡村社会的急剧转型，基于血缘、地缘产生的乡村礼俗受到严重冲击。"出入相友，守望相助，疾病相扶持"的乡土文化逐渐淡出，人情冷漠、道德滑坡、诚信危机取而代之，宗教迷信乘虚嵌入乡村社会，文化失调、文化断裂、灵魂无处安放等现状，对有效治理构成了严重挑战。

如何有效应对这一挑战，强化乡村治理，实现治理有效，为乡村振兴战略实施提供治理支撑？许多地方特别是浙江一些地方的成功经验启示我们，广泛吸收并积极推动新乡贤参与乡村治理。这是当下走出乡村治理困局、实现乡村治理有效的重要路径和保证。

（二）乡贤参与乡村治理存在的现实难题

近年来，一些乡村开始重视新乡贤在乡村治理中的作用，采取一些政策措施吸引并鼓励新乡贤积极投身乡村治理，为完善乡村治理体系、提高乡村治理能力贡献智慧和力量，收到了很好的效果。但总体上看，新乡贤参与乡村治理在乡村尚处于起步阶段，还存在许多亟待解决的问题，其中最突出的是相关机制缺失问题。

一是缺失新乡贤参与乡村治理的吸纳激励机制。由于有文化善经营的乡村精英纷纷外出务工经商，一定程度上造成乡村治理"主体"缺位的困局，急需吸纳一些新乡贤人士参与乡村治理。然而，不少乡村在这方面并不积极主动，他们只重视上级派来的"第一书记"和驻村工作队，而对那些曾经有为有位、人脉广泛、心系乡土、有故乡情怀、愿为家乡发展贡献力量的社会贤达和成功人士，则缺乏应有的重视，没有或很少采取相应的政策措施吸引和鼓励他们返乡参与社会治理。

二是缺失新乡贤在乡村治理中发挥作用的平台和机制。由于荣归故里的社会贤达和成功人士在一些乡村为数不多，而且多是个人单枪匹马，缺乏一定的组织形式，所以在乡村的影响力有限。再加上有些乡村本来就对这些人重视不够，因此很少为他们在乡村治理中发挥作用搭建平台、提供机会、构建机制。有的乡村功利心太强，他们只对有权力影响力和有资本实力的"官乡贤""富乡贤"笑脸相迎，而那些有文化、有德行的"文乡贤""德乡贤"则受到冷落。

三是缺失新乡贤参与乡村治理绩效评价机制。尽管那些社会贤达和成功人士返乡参与乡村治理完全出于自觉自愿，而且在不少地方受到基层政权的鼓励，但为了提高乡村治理水平、切实做到治理有效，鼓励先进，鞭策后进，应对新乡贤参与乡村治理的绩效进行考核，作出评价。这些新乡贤参与乡村治理的能力各有表现，也有大小。一名新乡贤参与乡村治理做得究竟怎么样，应有评价标准。目前，许多乡村尚无这样的评价标准和评价办法。

（三）乡贤参与乡村治理机制的几点建议

一是着力建立健全新乡贤参与乡村治理的吸纳激励机制。各乡村都应认识到，对上级选派的"第一书记"和驻村工作队固然要笑脸相迎，各类社会贤达和成功人士同样需要受到重视。这些新乡贤既能为乡村振兴出谋划策、聚集资源、躬行实践，又能以良好的道德品行垂范乡邻、传播文明、改良乡村风气。要制定相应的政策措施，建立和完善包括医疗卫生保障、精神荣誉鼓励等在内的新乡贤吸纳机制，鼓励离退休老干部、大学教授、工程技术人员和工商界人士告老还乡发挥余热，参与乡村治理，创造条件、提供保障、给予便利，解除其后顾之忧。

二是着力构筑和建立新乡贤发挥作用的平台和机制。以乡土乡情乡愁为纽带，以强农富民美村为目标，充分挖掘地方丰厚的乡贤文化资源，创新乡贤文化，积极为新乡贤返乡参与乡村治理营造良好社会氛围。在有条件的乡村，可组建"乡贤理事会""乡贤议事会"一类乡贤组织，并依法进行规范，提高其组织化程度，放大乡贤资源效应。进一步畅通乡贤参政议政、建言献策渠道，鼓励他们多做深入调查研究，多献务实为民之策，激发其内在活力。

三是着力健全新乡贤参与乡村治理绩效评价机制。注重挖掘乡村熟人社会的道德规范，并结合时代要求进行创新，建立基层党委政府、村"两委"和农民群众共同参与的权重评价机制，以有品德、有能力、有学识、有热情作为新乡贤的认定标准，以办事是否公道、是否依法办事、能否把事情办成、在村民中是否有威信、在乡里是否有公信力等作为新乡贤的评价标准，把好入口关，用好用活考核机制，确保新乡贤队伍的群众性、公正性和公信力。

第七章　精准扶贫与乡村治理现代化

贫困治理是乡村治理的重要组成部分，是乡村全面振兴的前提和基础。精准扶贫是乡村贫困治理的重要载体，脱贫攻坚是党中央着眼于全面建成小康社会历史任务作出的重大战略决策。实现乡村社会治理有效，推动乡村全面振兴，必须加快补齐农村贫困治理的突出"短板"，确保如期实现脱贫攻坚目标，同时做好脱贫攻坚与乡村振兴的有效衔接，从而为乡村振兴和全面小康奠定坚实基础。

第一节　决胜全面小康的攻坚之战

脱贫攻坚在党中央治国理政全局中占据着重要地位。2020 年是脱贫攻坚决战决胜的收官之年。高质量完成脱贫攻坚目标任务，需要充分认识脱贫攻坚在决胜全面小康中的重要意义，在肯定成绩总结经验的同时，高度重视脱贫攻坚过程中存在的突出问题和薄弱环节，切实提高脱贫质量和可持续性，推动脱贫攻坚由打赢向打好转变，确保精准扶贫和精准脱贫经得起实践和历史的检验。

（一）脱贫攻坚之于全面小康的重大意义

消除贫困、改善民生、实现共同富裕，是社会主义的本质要求，是社会主义制度优越性的基本体现。改革开放以来，我国经济实现快速发展，数亿人口成功脱贫，赢得了国际社会的广泛赞誉。与此同时，区域之间、城乡之间、社会群体之间的发展差距、收入差距还比较大，一些贫困地区群众的基本生活还存在较大的困难。截至 2016 年底，我国还有近 5000 万贫困人口、500 余个国家级贫困县和 14 个集中连片特困地区，脱贫攻坚任务十分繁重。特别是经过多年的扶贫开发，容易扶的地区都已基本得到解决，越往后脱贫难度越大，因为剩下的大多是条件较差、基础较弱、贫困程度较深的地区和群众。实现全面小康不漏一户、不落一人的目标，让广大人民群众共享改革发展的成果，迫切需要推动先富帮后富，增强贫困地区的发展动力，使发展成果更多更公平地惠及全体人民。

精准扶贫是以习近平同志为核心的党中央着眼于全面建成小康社会的历史任务作出的重大战略决策。"十三五"规划提出，2020 年我国现行标准下农村贫困人口实现脱贫，贫困县全部"摘帽"，解决区域性整体贫困。这是全面建成小康社会的底线任务，是我们党作出的庄严承诺，关系到第一个"百年"奋斗目标的实现，关系党执政基础的巩固和国家的长治久安。

2020 年是脱贫攻坚全面突破的决战决胜之年，也是全面建成小康社会的达标收官之年。突如其来的新冠肺炎疫情，给脱贫攻坚带来很大的不确定性和一定的不利影响。实现贫困人口如期脱贫的目标，完成这项艰巨而又紧迫的任务，需要各级党委政府和全体党员干部以背水一战的勇气和坚韧不拔的斗志，采取超常规措施，拿出过硬办法，坚决啃下这块"硬骨头"，努力把疫情造成的损失降到最低程度，坚决打赢脱贫攻坚收官之战，让贫困人口和贫困地区同全国一道进入全面小康社会。

（二）脱贫攻坚的伟大成就和有益经验

党的十八大以来，党中央把脱贫攻坚作为全面建成小康社会的底线任务和标志性指标，举全党全社会之力打响脱贫攻坚战。各级党委政府把脱贫攻坚作为重大政治任务和第一民生工程，深入推进精准扶贫、精准脱贫，在精准识别贫困对象、精准选择帮扶措施和精准退出管理等方面探索了一系列好的经验和做法。经过不懈努力，我国"贫困人口从 2012 年底的 9899 万人减少到 2019 年底的 551 万人，贫困发生率由 10.2% 降至 0.6%，连续 7 年每年减贫 1000 万人以上，贫困县从 832 个减少到 52 个"[①]，贫困人口"两不愁"质量明显提升，"三保障"突出问题总体解决。贫困地区基础设施和公共服务水平大幅提升，特色优势产业

---

① 刘永富：《坚决克服新冠肺炎疫情影响　全力啃下脱贫攻坚硬骨头》，《求是》2020 年第 9 期。

稳步发展，生态环境不断改善，发展能力和活力明显增强。脱贫攻坚取得阶段性成效和决定性进展，创造了人类减贫史上的伟大奇迹。

党的十八大以来，脱贫攻坚不仅取得了显著成绩，而且积累了许多经过实践检验的宝贵经验，概括起来主要有以下五个方面。

坚持党的集中统一领导。这些年我国扶贫工作之所以取得巨大成绩，一条基本经验就是坚持党的领导。打响脱贫攻坚战以来，以习近平总书记为核心的党中央始终把脱贫攻坚摆在治国理政的重要位置，纳入"五位一体"总体布局和"四个全面"战略布局，亲自研究、亲自部署、亲自督战，带领五级书记一起抓，保持了脱贫攻坚的正确方向和良好态势。各级党委、政府和党员干部把思想和行动统一到中央关于脱贫攻坚的决策部署上来，把脱贫攻坚作为"十三五"时期头等大事和第一民生工程来抓，充分发挥了党的政治优势、组织优势和密切联系群众的优势，为脱贫攻坚提供了强有力的政治和组织保证。

坚持精准扶贫精准脱贫基本方略。扶贫开发贵在精准，成败在于精准。精准扶贫通过"精准识别、精准帮扶和精准退出"等一系列机制，有效地解决了"扶持谁、谁来扶、怎么扶"的问题，从而避免了"撒胡椒面""大水漫灌"的现象，切实提高了贫困群众的获得感和扶贫成果的可持续性。精准扶贫精准脱贫基本方略，是习近平总书记长期探索的结晶，是中国扶贫理论和扶贫实践的重大创新。这一方略不仅是脱贫攻坚的科学方法，也成为当前许多工作的基本遵循。

坚持集中力量办大事。精准扶贫的系列组合拳，充分发挥了社会主义制度集中力量办大事的优势。在党中央国务院的坚强领导下，各地各部门齐抓共管、密切配合，中西部地区落实主体责任，东部地区落实帮扶责任，主管部门落实行业责任，党政军机关、国有企事业单位落实定点扶贫责任，民营企业、社会组织、公民个人履行社会责任。各部门紧扣脱贫攻坚目标任务，出台了财政、金融、土地、教育、医疗、科技、人才和基础设施建设等一系列举措。中央和省级财政专项扶贫资金不断加大投入力度，各贫困县普遍开展统筹整合使用财政涉农资金试点，各类专业性、政策性、开发性金融机构也持续加大金融扶贫的支持力度，为支持贫困地区经济社会发展和促进贫困人口脱贫增收提供了重要保障。

坚持依靠群众发动群众。脱贫攻坚，群众参与是基础。贫困群众是扶贫攻坚的对象，更是脱贫致富的主体。各地方各部门通过加大宣传和激励力度，充分调动贫困群众的积极性和主动性，引导他们树立"宁愿苦干、不愿苦熬"的观念，增强了贫困地区干部群众靠辛勤劳动改变贫困落后面貌、靠自己的努力改变命运的干劲和决心。脱贫攻坚是一项系统性工程，是全社会的共同责任。社会各界积极参与、合力攻坚，构建了政府、社会、市场协同推进的大扶贫格局，创造出产业扶贫、易地扶贫搬迁、劳务输出扶贫和健康扶贫、交通扶贫、教育扶贫、光伏扶贫等新模式，广泛调动了社会各界的积极性，形成了脱贫攻坚的强大合力。

我国在脱贫攻坚领域取得的伟大成就，彰显了中国共产党领导和社会主义制度的政治优势，有力地促进了经济社会持续健康发展与大规模减贫同步，为全球减贫事业贡献了中国智慧和中国方案。

第二节　精准扶贫、精准脱贫的河南实践

党的十八大以来，河南把脱贫攻坚作为重大政治任务和第一民生工程，深入推进精准扶贫、精准脱贫，推动脱贫攻坚取得阶段性成效、呈现良好态势。与此同时，作为全国脱贫任务较重的省份之一，河南脱贫攻坚形势依然严峻、任务依然艰巨。特别是由于脱贫攻坚时间紧、任务重，各地在贫困识别、结对帮扶、产业扶贫、考核评估、贫困退出等过程中还存在精准度不够、脱贫质量不高、内生动力不足、可持续性不强等问题。当前，河南脱贫攻坚已经进入收官之年的冲刺阶段。实现如期脱贫的目标，需要在肯定成绩总结经验的同时，坚定践行精准方略，进一步夯实攻坚责任、强化政策措施、完善工作机制，特别是要坚持质量导向和问题导向，高度重视脱贫攻坚过程中存在的突出问题和薄弱环节，根据工作进展和形势变化调整着力点，在高质量完成减贫任务、聚焦解决"两不愁、三保障"突出问题、持续促进贫困群众持续稳定增收、不断凝聚脱贫攻坚社会合力、巩固脱贫成果有效防止返贫等方面狠下功夫，从而切实提高脱贫质量和可持续性，推动脱贫攻坚由打赢向打好转变，确保精准扶贫和精准脱贫经得起实践和历史的检验。

（一）推进精准扶贫、精准脱贫的主要做法

党中央发出打赢脱贫攻坚战的动员令后，河南各级党委政府把推进精准扶贫

作为重大政治任务，贯彻精准扶贫、精准脱贫基本方略，紧盯"两不愁、三保障"目标，完善脱贫攻坚责任体系，持续深入推进脱贫攻坚战，有力地推动了党中央精准扶贫战略在河南的落地施行。

1. 加强组织领导，扛牢脱贫攻坚政治责任

一是提高政治站位。河南各地把中央和省委脱贫攻坚决策部署作为各级党委中心组学习的重要内容，先后召开省委扶贫开发工作会议、省脱贫攻坚领导小组全体会议和八次全省脱贫攻坚推进会议，对脱贫攻坚工作周密部署、强力推进。郑州、洛阳、商丘、许昌、鹤壁等市将习近平扶贫论述作为各级党委（党组）中心组学习的重要内容，扶贫理论学习抓得紧抓得实。

二是扛牢攻坚责任。成立了脱贫攻坚领导小组，实行省委书记、省长"双组长"制，建立了省级领导干部和部分省直单位联系贫困县工作制度。坚持党政"一把手"负总责、亲自抓，通过层层立下军令状，向省委、省政府签订脱贫攻坚责任书；建立重大专项工作指挥部，逐级夯实落实责任，有计划、有重点、有步骤地推进脱贫攻坚各项工作。省级领导干部到所联系贫困县调研指导工作累计百次以上，有效发挥了示范引领作用，带动各级党员干部真正把扶贫职责扛在肩上、抓在手上。

三是传导工作压力。落实"省负总责、市县抓落实、乡村组织实施"的管理体制，制定印发《省脱贫攻坚领导小组年度工作要点》，充实基层扶贫力量，分解目标任务，实施干部和部门联系帮扶、"捆绑追责"、挂乡包村到户等制度，压紧压实攻坚责任，形成了"五级书记抓扶贫"的格局。

2. 健全政策体系，凝聚脱贫攻坚强大合力

河南省委、省政府制定了《关于打赢脱贫攻坚战的实施意见》，印发实施《打赢脱贫攻坚战三年行动计划》，连续出台了关于精准识别、涉农资金整合、扶贫资金管理、脱贫成效考核、贫困退出五个管理办法，紧紧抓住产业扶持、易地搬迁、转移就业、社会保障、特殊救助五项重点工作，不断强化医疗、教育、交通、水利、电力五大基础建设，形成了完善的脱贫攻坚政策体系。河南省脱贫攻坚领导小组制定印发了《"精准扶贫企业贷款"实施方案》《河南省雨露计划实施管理意见》《进一步加强社会扶贫工作的通知》等文件，指导基层实践，健全政策体系；集中开展脱贫攻坚大调研活动，强化脱贫攻坚政策支撑。各省辖市分别制订打赢脱贫攻坚战三年行动计划，结合实际细化完善政策措施。郑州市建

立健全"1+14+19"政策体系、深化实施"N+2"精准扶贫模式，安阳市制定大力开展精神扶贫的实施意见12个创新工作意见，鹤壁市制订创新产业利益联结机制等方案，强化脱贫攻坚政策支撑。

近年来，河南加大财政保障和支持力度，将贫困县全部纳入涉农资金整合使用试点，不断创新金融扶贫模式，推广卢氏和兰考金融扶贫经验，破解贷款难问题。发挥多方面力量，形成全社会广泛参与脱贫攻坚格局。郑州市投入财政扶贫资金7.29亿元，驻马店市投入财政扶贫资金43.2亿元，三门峡、商丘、信阳、周口等市本级投入财政扶贫资金超过1亿元，卢氏县统筹整合涉农资金7.83亿元用于脱贫攻坚。结对帮扶，郑州、焦作、许昌、鹤壁结对帮扶4个深度贫困县，洛阳、平顶山、濮阳、信阳、驻马店、济源等15个经济实力较强的市（县）结对帮扶15个脱贫任务较重的贫困县。社会参与，洛阳市实施社会化产业扶贫"金果树工程"和社会化公益扶贫"爱心圆梦工程"，引导社会力量累计投入帮扶资金132.75亿元；许昌市组织1303家企业帮扶1485个村，建成扶贫就业基地381个，带动2.39万贫困劳动力稳定就业；信阳市组织367个公益单位帮扶356个贫困村、2.23万贫困人口；林州市动员优秀企业家、专业技术人才等担任贫困村"名誉村长"助力脱贫攻坚，509个行政村聘请或对接"名誉村长"572名。如表7-1所示。

表7-1　河南省"1+N"精准扶贫政策体系

序号	相关政策	
1	《中共河南省委、河南省人民政府关于打赢脱贫攻坚战的实施意见》（豫发〔2016〕5号）	
2	"5个办法"	《河南省扶贫对象精准识别及管理办法》《河南省脱贫工作成效考核办法》《河南省贫困退出实施办法》《河南省扶贫资金管理办法》《河南省开展统筹整合使用财政涉农资金试点实施办法》
	"5个方案"	《河南省产业扶持脱贫实施方案》《河南省转移就业脱贫实施方案》《河南省易地搬迁脱贫实施方案》《河南省社会保障脱贫实施方案》《河南省特殊救助脱贫实施方案》
	"5个专项方案"	《河南省教育脱贫专项方案》《河南省交通运输脱贫专项方案》《河南省医疗卫生脱贫专项方案》《河南省水利脱贫专项方案》《河南省电网脱贫专项方案》
	其他	《河南省金融扶贫实施办法》《河南省农村最低生活保障制度与扶贫开发政策有效衔接实施方案》《关于组织实施光伏发电扶贫工作的指导意见》等

3. 聚焦重点任务群体，实施重大专项攻坚

聚焦重点地区和重点人群，集中力量重点攻坚。因村因户因人精准施策，提高贫困群众获得感和满意度。

促进贫困群众持续稳定增收，安阳市累计建成产业扶贫基地 745 个、村级光伏扶贫电站 453 个，每个贫困户都有两项以上产业增收帮扶措施；濮阳市列支市级农业产业扶贫资金 2000 万元，扶持 69 家龙头企业和新型农业经营主体，通过安置就业等多种模式增加贫困户收入；南阳市实施产业就业"双业"攻坚，积极探索内乡牧原"3＋N"、淅川"长中短"扶贫等产业就业扶贫模式；信阳市建成"多彩田园"产业扶贫示范基地 2328 个，累计带动贫困户 11.5 万户，带动贫困村 887 个、覆盖率 96.7％；商丘市 6 县 1 市均被评为全国电子商务进农村综合示范县，实现 920 个贫困村电商网点全覆盖；开封市普惠金融"一平台四体系"兰考模式基本形成，在省内 22 个县（市、区）复制推广。提升贫困人口服务保障水平，新乡市构筑贫困人口基本医疗、大病保险、大病补充保险、大病救助基金、第四次商业保险、民政医疗救助六重医疗保障体系；南阳市创新实施"医保救助工程"，门诊慢性病报销比例达到 90％，重特大疾病门诊报销比例达到 94％；济源市开展千名教师结对帮扶千名学生"双千双扶"活动，并为全市建档立卡贫困户提供种植业、养殖业等 5 项 9 个险种"一揽子"保险；驻马店市建立重度残疾人集中托养机构 96 个、日间照料机构 3 个，托养照料 1461 名重度残疾人；平顶山市实施"小广播户户有、大喇叭村村响"工程；鹤壁市开展文化扶贫扶志活动 300 多场，组织"红色文艺轻骑兵"小分队进农村开展文化志愿服务。

改善贫困地区生产生活条件，周口市修建农村公路 2291 千米，是省定责任目标任务的 5 倍，贫困村全面实现行政村道路、客车、邮政"三通"；许昌市全面开展贫困家庭居家环境"六改一增"，打造"五美家庭"8.5 万个。

4. 坚持抓党建促脱贫，夯实筑牢基层基础

河南省委和各级组织部门强化党建引领，深入开展抓党建促脱贫攻坚，加强驻村管理，筑牢精准扶贫、精准脱贫根基。在抓党建促脱贫攻坚方面，开封市兰考县树立"四面红旗"，突出"脱贫攻坚红旗"创建，并纳入村级两委班子年度考核；新乡市针对问题突出的软弱涣散重点村，开展集中整顿百日攻坚行动，挂牌督办。济源市通过"星级党组织创建""逐村观摩、整镇推进"等活动，夯实

基层战斗堡垒；漯河市开展村级集体经济"双增"行动，全市有集体经济的村达到 67%，带动贫困户 6600 多户。加强干部驻村帮扶工作。新乡市实行对驻村工作队考核结果与派出单位文明单位创建挂钩，对驻村干部中未专职驻村、非单位正式人员等五类情况开展集中整改；平顶山市向脱贫任务较重的非贫困村增派 613 个驻村工作队，在有条件的村选配 1924 名扶贫专干，增强一线帮扶力量。

5. 严格督察考核问责，强化作风纪律保障

河南省出台多项措施，明确省负总责、市县为主体、部门间协调、乡村具体实施、驻村帮扶、督察巡查等责任，建立了纵向到底、横向到边的责任体系。2017 年前三季度，全省对脱贫攻坚中存在不严不实、弄虚作假问题的 1828 名干部进行了责任追究。坚持把"转作风、抓落实"贯彻脱贫攻坚工作始终。2019年，郑州市完善市委常委联系县（市、区）、市级领导负责分管领域脱贫攻坚工作和分包贫困村制度，洛阳市召开 12 次市委常委会会议、26 次政府常务会议研究推进脱贫攻坚工作，平顶山市建立市县四大班子领导与分包乡村同责、第一书记与派出单位同责的系列捆绑追责机制，焦作市完善脱贫攻坚调度、市级领导带队督导、行业扶贫运行监测等机制；驻马店市对 7 个县 41 个乡镇组织开展脱贫攻坚问题专项巡察整改，以巡视巡察向基层延伸促进脱贫工作落实和质量提升。

（二）脱贫攻坚取得的初步成效

近年来，在省委、省政府的正确领导下，全省广大干部群众深入贯彻习近平总书记关于扶贫工作的重要论述，落实贯彻精准扶贫精准脱贫基本方略，一手抓剩余减贫任务攻坚、一手抓巩固脱贫成果防止返贫勠力同心、众志成城，在脱贫攻坚的战场上展现了河南气势，取得了不俗成绩，为打赢打好脱贫攻坚收官之战奠定了坚实基础。

1. 脱贫力度不断加大

中央领导对河南探索的金融扶贫新路子、兰考县巩固脱贫成果的新探索等作出批示。全国扶贫开发信息系统统计结果显示，2017 年，河南超额完成 100 万农村贫困人口脱贫的年度目标任务；实现 3 个国定贫困县和 1 个省定贫困县"摘帽"；10 万贫困人口顺利实施易地扶贫搬迁。2018 年，全省实现 121.7 万农村贫困人口脱贫、2502 个贫困村退出，超额完成年度计划任务；2017 年计划退出的 4 个贫困县顺利脱贫"摘帽"，2018 年计划退出的 33 个贫困县有望如期脱贫"摘

帽"；贫困地区农民人均可支配收入增速高于全省农村平均水平 1.6 个百分点左右。2019 年，圆满实现了 65 万农村贫困人口脱贫、1000 个贫困村退出、剩余 14 个国定贫困县"摘帽"、"十三五"规划的易地扶贫搬迁贫困人口全部搬迁入住的年度目标任务。

2. 脱贫动能持续增强

通过以上率下、常抓严管，崇严尚实、真抓实干的作风在河南全省脱贫战线得以弘扬，陈召起、陶曼希、原玉容、郭存等帮扶干部中的先进典型不断涌现，"以作风攻坚促脱贫攻坚"日益成为扶贫干部的自觉行动。在力促党员干部作风转变的同时，河南坚持扶贫与扶志、扶智相结合，充分激发群众内生动力。各地广泛开展"脱贫之星"等评选活动，鼓励群众"我要干"；开办"田间课堂"1.87 万场次、开展贫困劳动力职业技能培训 14 万人次，教会群众"怎么干"。一年来，经过各方的共同努力，"等靠要""宁愿熬，不愿干"的思想逐渐消除，光山县"脱贫爷爷"周家喜、荥阳市"无臂羊倌"曹建新等自力更生摆脱贫困的群众越来越多。在脱贫攻坚的战场上，干部群众心连心、肩并肩，战贫困奔小康的喜人局面正在形成。

3. 脱贫合力日益巩固

河南省人大常委会审议通过了《河南省扶贫开发条例》，为脱贫攻坚工作提供了法治保障；省政协积极建言献策，助力脱贫攻坚；省纪委强力治理扶贫领域侵害群众利益的腐败问题；省检察院深入开展集中整治和加强预防扶贫领域职务犯罪专项工作。同时，河南积极落实"干部当代表、单位做后盾、领导负总责"工作机制，把定点扶贫作为政治责任抓实抓好。中央办公厅、中国证监会等 24 个中直单位定点扶贫河南 31 个贫困县，做了大量卓有成效的工作；各民主党派对口 6 个脱贫攻坚任务重的省辖市，扎实开展民主监督；工商联系统大力开展"千企帮千村"行动，累计投入帮扶资金 133.4 亿元，帮扶贫困人口 24 万多人；妇联系统组织实施"巧媳妇"工程，带动 80 多万农村妇女就业。宣传报道方面，省级媒体刊播脱贫宣传报道稿件 6500 余篇（条），营造了全社会参与脱贫攻坚的浓厚氛围。

4. 脱贫经验全国推广

在省政府主要领导的推动下，河南贫困发生率最高、贫困程度最深的县——卢氏县，开展了目的在于破解扶贫小额贷款"落地难"问题的金融扶贫试点工作，经过近一年的探索和实践，按照"政银联动、风险共担、多方参与、合作共赢"的工作思路，通过构建"金融服务、信用评价、风险防控、产业支撑"四大体系，形成了金融扶贫"卢氏模式"。2017 年 11 月 16 日，全国金融扶贫现场观摩会在三门峡市召开，全国 28 个省（自治区、直辖市）扶贫和金融部门的 200 多名代表参加了会议，并到卢氏县现场参观学习。会上，国务院扶贫办领导充分肯定了河南在金融扶贫方面的做法和成绩，指出河南在金融扶贫方面创新出"卢氏模式"，为全国金融扶贫工作提供了示范。2017 年 9 月，全国扶贫车间现场会在濮阳市台前县举行观摩活动，濮阳"车间进村"扶贫模式叫响全国。2018 年，全国易地扶贫搬迁工作现场会、因残致贫家庭脱贫攻坚工作现场会、贫困重度残疾人家庭无障碍改造现场会、构树扶贫工程现场会在河南召开，胡春华副总理对河南省易地扶贫搬迁工作给予充分肯定。河南在全国扶贫开发工作会议上交流了扶贫小额信贷工作经验做法，在住房城乡建设部召开的大别山片区区域发展与脱贫攻坚推进会议上介绍了农村危房改造等有效做法；河南被国家卫生健康委评为健康扶贫表现突出地区，"四好农村路"建设及交通扶贫工作受到交通运输部通报表扬。焦作市实行"两定制兜底线"、打造健康扶贫新模式和三门峡市建立"三项机制"、激活金融扶贫源头活水的做法，受到国务院办公厅通报表扬；兰考县、上蔡县获得 2018 年度全国脱贫攻坚奖组织创新奖。

第三节　推进扶贫与扶志扶智有机结合的实践经验①

党的十九大提出，要坚决打赢脱贫攻坚战，注重扶贫同扶志、扶智相结合。中共中央《关于打赢脱贫攻坚战三年行动的指导意见》提出，要"开展扶贫扶志行动，树立脱贫光荣导向，提高贫困群众自我发展能力"。

扶贫先扶志，扶贫必扶智。随着脱贫攻坚的深入推进，志智双扶越来越引起各地的高度重视，很多地方均拿出真招实策，着力破解贫困群众"贫在素质"

---

① 本部分内容节选自刘刚：《扶贫与扶志扶智结合　增强脱贫内生动力》，《河南日报》2018 年 8 月 17 日。

"困在精神"等问题，取得了良好成效。

1. 通过宣传教育，让思想"富"起来

广泛利用广播、电视、微信平台、手机短信等形式，做到报纸有影、电视有声、网络有形，形成立体式、全覆盖的宣传大格局，引导贫困群众求知上进，做有追求的农民。光山县以县委党校和 10 多个行业部门为主体，组建县级"流动党校"，广泛深入各乡镇开展宣讲，引导贫困人口自力更生、勤劳苦干、撸起袖子加油干，2017 年共开展各类宣讲活动 1200 余场，参与群众近 20 余万人次。汤阴县广泛推行农村夜校，积极开展政策理论、农林技术等学习交流，着力增强农民自我发展、脱贫致富的信心和能力；实施"联合扶智工程"，组建 11 个专家服务组，目前已辐射带动 40 个贫困村、200 余名贫困户走上技术脱贫致富之路。新乡实施"农家书屋工程""阳光工程"实用技术进农家工程等，开展"月读一本好书，年学一门技能"活动，积极开展农业技术、科普知识、劳动技能培训，全市共开展科普讲座、技术培训班 2568 期，培训农村劳动力 35.6 万多人次。

2. 通过载体创新，让行为"动"起来

志智双扶，需要有效的载体支撑。全省很多地方通过成立村级志愿服务队，带动贫困群众参与，让贫困群众在得到物质帮扶的同时，也得到了精神帮扶。三门峡市积极开展孝老爱亲故事会、科技培训、道德讲堂、"集中帮扶日"、上党课等活动，通过学模范、谈感悟等对广大村民进行广泛深入的教育，使自力更生逐步内化为农民的思想认同，外化为农民的自觉行动。柘城县成立红白理事会和红娘协会等，深入推进移风易俗，抑制大操大办、铺张浪费、高额彩礼等不良风气。淅川县开展"两弘扬一争做"（弘扬淅川移民精神、弘扬好家风家训，争做最美淅川人）教育实践活动，弘扬克难攻坚、艰苦创业精神。宝丰县试点建立爱心服务站，实行积分管理制，每个贫困户每月设基础分 20 分、家庭卫生改善 10分、团结友善 10 分、参加公益活动 10 分，共计 50 分。积分评定由各村脱贫攻坚责任组组织村"两委"成员、党员代表及群众代表实施，爱心服务站根据积分为贫困户和边缘户提供爱心服务、爱心物品。通过实行爱心帮扶，鼓励贫困户通过劳动、参与村级公益事业、改善家庭环境卫生获得加分，激发贫困户发展动力，从改变自身做起拔除穷根。

3. 通过产业扶贫，让双手"忙"起来

产业是脱贫之基、致富之源，让贫困群众"忙"起来，志智双扶自然迎刃而解。全省很多地方通过实施"巧媳妇工程"，积极搭建农村留守妇女就业创业平台，如平舆县、柘城县探索创新"党政领导、妇联搭桥、妇女参与、社会共帮"机制模式，让广大妇女在农村一二三产业融合发展中找准位置，努力实现"学会一门技术、找到一门出路、脱贫一个家庭"的目标，目前已培育出"巧媳妇＋"服装加工、藤编工艺、皮革箱包、种植养殖、电商网购、家政服务等较为完备的多元化产业体系。济源市探索"景区带村""旅游专业合作社＋农户"等扶贫模式，带动贫困户150余户，探索"劳保产业＋扶贫贷款＋农户"模式，带动11个贫困村发展劳保产业。淅川县打造食用菌孵化园和"十里香菇长廊示范项目"等，带动贫困户发展香菇产业，还借助"供销 e 家"电商平台，培训年轻村民掌握电子商务技术，进一步拓宽香菇、薄壳核桃等农产品销路，使贫困群众在短时间内迅速脱贫致富。

4. 通过文明建设，让内心"急"起来

扶志扶智的关键是激发贫困人口内生动力。全省很多村已成立道德评议会、乡贤理事会等群众性自治组织，对好吃懒做、不孝老人等行为进行劝导，从而形成对不良风气的震慑作用。光山县在村里醒目位置设立红黑榜，红榜用于宣传先进人物、褒扬善行义举，黑榜用于曝光好吃懒做、"等靠要"思想严重及不孝老爱亲的落后村民。特别是黑榜的设立，充分利用了群众最怕在村民面前出丑、在熟人面前丢人的心理，产生了巨大的震动作用。在全省推广卢氏县建立农村金融扶贫信用体系的做法，采用"政府主导、人行推动、多方参与、信息共享"的方式，按照一定标准，为农户对标打分，评定为 A 级、AA 级、AAA 级、AAA＋级四个信用等级，分别授予 5 万元、10 万元、15 万元、20 万元的纯信用贷款，通过加强农村信用体系建设，解决了群众贷款难问题，提高了群众契约意识和信用意识，同时通过公开评级授信，对"等靠要"等不良风气也形成了倒逼机制，促使其自力更生、勤劳致富。

5. 通过示范引领，让榜样"带"起来

脱贫致富，典型引路。通过引导和激励群众对照标杆、学习标杆、看齐标杆，能够有效营造齐心协力奔小康的良好舆论氛围，调动贫困群众人心思进、主动脱贫、勤劳致富的积极性和主动性。周口推广郸城经验，将脱贫致富户评选表彰纳入"两建三扶四评"活动中，建立常态化评比机制，真正以脱贫致富户评选表彰形成引领示范效应，带动贫困村民主动脱贫。光山县广泛开展评先活动，并着力放大榜样效应。全县目前已有108个村广泛开展了以"脱贫之星""文明农户""好媳妇""好婆婆"等为主要内容的系列评先活动，评选出各类先进人物4200余人，组织各乡镇制作成宣传牌、宣传榜，集中在文化广场或一条街道主干道进行展示，打造出先进示范广场（或示范街）；组建90多支先进事迹报告团，开展了先进事迹报告会370余场，共计有5.1万余人（次）群众聆听了先进事迹报告；县电视台对先进模范连续做了50余期电视访谈，在微信公众号"智慧光山"先后开辟"扶贫路上光山人"等多个专栏，对脱贫带富典型进行大力宣传，形成了较好的社会效应，使"争当文明户、不当贫困户"成为农村新风尚。

6. 通过内外兼修，让环境"激"起来

志智双扶，需要久久为功、润物无声，软环境和硬环境都很重要。在软环境上，很多地方通过大型公益广告牌、村史文化墙或美德墙、宣传标语、宣传大喇叭等多种形式，营造"安贫可耻、脱贫光荣"的浓郁氛围。在硬环境上，通过改善人居环境，提升贫困群众精神面貌。周口市在全市推广了"户分类、村收集、乡镇运输、县处理"的垃圾处置模式，切实改善了农村面貌，培养了村民爱护环境，建设美好家园的意识。光山县开展"文明村院"创建，将"文明村院"作为脱贫攻坚的一项"硬指标"纳入考核范围，按照"五净一规范"（庭堂干净、住室干净、厨房干净、厕所干净、个人衣着干净，电线煤气等物品摆放规范）的要求，干群齐动手，整洁庭院、打扫卫生、清除垃圾，既联络了感情，又转变了形象，营造了干净整洁、文明宜居的良好外部环境。

参考文献

一、文献资料类

[1] 中共中央编译局：《马克思恩格斯选集》（1～4卷），人民出版社 2012 年版。

[2] 中共中央编译局：《列宁选集》（1～4卷），人民出版社 2012 年版。

[3] 中共中央文献编辑委员会：《毛泽东选集》（1～4卷），人民出版社 1991 年版。

[4] 中共中央文献编辑委员会：《邓小平文选》（1～3卷），人民出版社 1993 年版。

[5] 中共中央文献研究室：《三中全会以来重要文献选编》，中央文献出版社 2011 年版。

[6] 中共中央文献研究室：《十八大以来重要文献选编》（上、中、下册），中央文献出版社 2014 年、2018 年版。

[7] 中央党史研究室：《中国共产党历史》（第一卷、第二卷），中共党史出版社 2011 年版。

[8] 胡锦涛：《坚定不移沿着中国特色社会主义道路前进　为全面建成小康社会而奋斗》，人民出版社 2012 年版。

[9] 习近平：《决胜全面建成小康社会　夺取新时代中国特色社会主义伟大胜利》，人民出版社 2017 年版。

[10] 《中共中央关于坚持和完善中国特色社会主义制度　推进国家治理体系和治理能力现代化若干重大问题的决定》，人民出版社 2019 年版。

［11］习近平：《习近平谈治国理政》（第一卷、第二卷），外文出版社 2014 年、2017 年版。

［12］中共中央宣传部：《习近平新时代中国特色社会主义思想三十讲》，学习出版社 2017 年版。

［13］《党的十九大报告辅导读本》，人民出版社 2017 年版。

［14］《中国共产党第十九次全国代表大会文件汇编》，人民出版社 2017 年版。

［15］《习近平关于全面建成小康社会论述摘编》，中央文献出版社 2016 年版。

［16］《习近平关于全面从严治党论述摘编》，中央文献出版社 2016 年版。

［17］《中共中央关于全面深化改革若干重大问题的决定》，人民出版社 2013 年版。

［18］《中共中央关于全面推进依法治国若干重大问题的决定》，人民出版社 2014 年版。

［19］《中共中央　国务院关于加强和完善城乡社区治理的意见》，人民出版社 2017 年版。

［20］《关于加强和改进乡村治理的指导意见》，人民出版社 2019 年版。

［21］《中国共产党支部工作条例（试行)》，人民出版社 2018 年版。

［22］《中国共产党农村基层组织工作条例》，党建读物出版社 2019 年版。

［23］民政部基层政权和社区建设司：《改革开放 30 年农村民主政治建设重要资料选编》，2008 年版。

［24］《全国村务公开民主管理工作进展报告》，中国社会出版社 2009 年版。

［25］民政部基层政权建设司：《全国村民自治示范工作经验交流暨城乡基层先进集体和先进个人表彰会议文件汇编》，中国社会出版社 1996 年版。

二、著作类

［1］费孝通：《乡土中国》，人民出版社 2008 年版。

［2］费孝通：《江村经济》，商务印书馆 2001 年版。

［3］费孝通：《费孝通选集》，天津人民出版社 1988 年版。

［4］徐勇：《中国农村村民自治》，华中师范大学出版社 1997 年版。

［5］徐勇：《乡村治理的中国根基与变迁》，中国社会科学出版社 2018 年版。

［6］徐勇：《乡村治理与中国政治》，中国社会科学出版社 2013 年版。

［7］徐勇、项继权：《中国农村村级治理——22 个村的调查与比较》，华中师范大学出版社 2001 年版。

［8］徐勇、项继权：《村民自治进程中的乡村关系》，华中师范大学出版社 2001 年版。

［9］贺雪峰：《新乡土中国》，北京大学出版社 2013 年版。

［10］王仲田、虞成付：《乡政村治——中国村民自治的调查与思考》，中国社会科学出版社 1999 年版。

［11］黄宗智：《长江三角洲小农家庭与乡村发展》，中华书局 2006 年版。

［12］于建嵘：《岳村政治——转型期中国乡村政治结构的变迁》，商务印书馆 2005 年版。

［13］金太军：《村庄治理与权力结构》，广东人民出版社 2008 年版。

［14］陆学艺：《当代中国社会阶层研究报告》，社会科学文献出版社 2002 年版。

［15］陆学艺：《三农新论——当前中国农业、农村、农民问题研究》，社会科学文献出版社 2005 年版。

［16］陈浙闽：《村民自治的理论与实践》，天津人民出版社 2000 年版。

［17］赵秀玲：《村民自治通论》，中国社会科学出版社 2004 年版。

［18］仝志辉：《选举事件与村庄政治》，中国社会科学出版社 2004 年版。

［19］彭勃：《乡村治理：国家介入与体制选择》，中国社会出版社 2002 年版。

［20］王道坤：《村民自治的多视角研究》，四川大学出版社 2007 年版。

［21］孙立平：《转型与断裂——改革以来中国社会结构的变迁》，清华大学出版社 2004 年版。

［22］风笑天：《社会调查中的问卷设计》，天津人民出版社 2013 年版。

［23］张英魁：《中国传统政治文化及其现代价值》，中央编译出版社 2009 年版。

［24］白钢、赵寿星：《选举与治理》，中国社会出版社 2001 年版。

［25］杜润生：《中国农村体制变革重大决策纪实》，人民出版社 2005 年版。

［26］全球治理委员会：《我们的全球伙伴关系》，牛津大学出版社 1995 年版。

［27］俞可平：《治理和善治》，社会科学文献出版社 2000 年版。

［28］俞可平：《中国治理变迁 30 年》，社会科学文献出版社 2008 年版。

［29］张康之：《社会治理的历史叙事》，北京大学出版社 2006 年版。

［30］周红云：《社会治理》，中央编译出版社 2015 年版。

［31］丁元竹：《社会治理现代化的探索》，国家行政学院出版社 2016 年版。

［32］李培林：《社会改革与社会治理》，社会科学文献出版社 2014 年版。

［33］袁金辉：《乡村治理与农村现代化》，郑州大学出版社 2007 年版。

［34］苏力：《送法下乡——中国基层司法制度研究》，中国政法大学出版社 2010 年版。

［35］［英］莱恩：《新公共管理》，中国青年出版社 2004 年版。

［36］［英］安东尼·吉登斯：《社会理论与现代社会学》，文军、赵勇译，社会科学文献出版社 2003 年版。

三、期刊类

［1］习近平：《在深度贫困地区脱贫攻坚座谈会上的讲话》，《求是》2017 年第 17 期。

［2］习近平：《在全国组织工作会议上的讲话》，《党建研究》2018 年第 9 期。

［3］《中共中央 国务院关于建立健全城乡融合发展体制机制和政策体系的意见》，《农村工作通讯》2019 年第 10 期。

［4］文化部党组：《以新的发展理念开创文化建设新局面》，《求是》2015 年第 24 期。

［5］辛鸣：《全面建成小康社会的历史方位》，《中国党政干部论坛》2020 年第 2 期。

［6］吕德文：《乡村治理 70 年：国家治理现代化的视角》，《南京农业大学学报》（社会科学版）2019 年第 4 期。

［7］王晓莉：《新时期我国乡村治理机制创新——基于 20 个典型案例的比

较分析》,《科学社会主义》2019 年第 6 期。

[8] 贺雪峰:《当前村民自治研究中需要澄清的若干问题》,《中国农村观察》2000 年第 2 期。

[9] 周铁涛:《村规民约当代形态及其乡村治理功能》,《湖南农业大学学报》(社会科学版)2017 年第 1 期。

[10] 黄博、朱然:《历史与逻辑视野下我国乡村治理体制的变迁及其创新指向》,《理论导刊》2015 年第 3 期。

[11] 南刚志:《中国乡村治理模式的创新——从"乡政村治"到"乡村民主自治"》,《中国行政管理》2011 年第 5 期。

[12] 范建华:《乡村振兴战略的时代意义》,《行政管理改革》2018 年第 2 期。

[13] 俞可平:《全球治理引论》,《马克思主义与现实》2002 年第 1 期。

[14] 俞可平:《治理和善治引论》,《马克思主义与现实》1999 年第 5 期。

[15] 王浦劬:《国家治理、政府治理和社会治理的基本含义及其相互关系辨析》,《社会学评论》2014 年第 3 期。

[16] 徐勇:《挣脱土地束缚之后的乡村困境及应对》,《华中师范大学学报》(人文社会科学版)2000 年第 2 期。

[17] 徐勇:《GOVERNANCE:治理的阐释》,《政治学研究》1997 年第 1 期。

[18] 徐勇:《拓展村民自治研究的广阔空间》,《东南学术》2016 年第 2 期。

[19] 贺雪峰:《乡村治理研究与村庄治理研究》,《地方财政研究》2007 年第 3 期。

[20] 贺雪峰:《论乡村治理内卷化——以河南省 K 镇调查为例》,《开放时代》2011 年第 2 期。

[21] 贺雪峰:《乡村治理的制度选择》,《武汉大学学报》(人文科学版)2016 年第 2 期。

[22] 贺雪峰:《农民行动逻辑与乡村治理的区域差异》,《开放时代》2007 年第 1 期。

[23] 贺雪峰:《中国农村社会转型及其困境》,《东岳论丛》2006 年第

2 期。

［24］党国英：《我国乡村治理改革回顾与展望》，《社会科学战线》2008 年第 12 期。

［25］陈文胜：《农民主体地位与乡村治理现代化》，《湖北民族大学学报》（哲学社会科学版）2020 年第 1 期。

［26］仝志辉：《"后选举时代"的乡村政治和乡村政治研究》，《学习与实践》2006 年第 5 期。

［27］狄金华、钟涨宝：《从主体到规则的转向——中国传统农村的基层治理研究》，《社会学研究》2014 年第 5 期。

［28］吴理财：《村民自治与国家政权建设》，《学习与探索》2002 年第 1 期。

［29］蔡文成：《基层党组织与乡村治理现代化：基于乡村振兴战略的分析》，《理论与改革》2018 年第 3 期。

［30］田飞龙：《中国村民自治的制度起源、发展及内在逻辑》，《北京大学研究生学志》2010 年第 1 期。

［31］李永忠、黄仕林：《浅析新时代我国的社会治理》，《四川行政学院学报》2017 年第 6 期。

［32］姜晓萍：《国家治理现代化进程中的社会治理体制创新》，《中国行政管理》2014 年第 2 期。

［33］王德强、周豪：《农村软法与软法治理》，《华中农业大学学报》（社会科学版）2014 年第 5 期。

［34］邓大才：《村民自治有效实现的条件研究——从村民自治的社会基础视角来考察》，《政治学研究》2014 年第 6 期。

［35］刘友田：《论村民自治对中国民主政治发展的意义》，《山东社会科学》2014 年第 6 期。

［36］李增元：《我国农村基层治理的现代转型》，《人文杂志》2014 年第 8 期。

［37］徐猛：《社会治理现代化的科学内涵、价值取向及实现路径》，《学术探索》2014 年第 5 期。

［38］张康之：《论主体多元化条件下的社会治理》，《中国人民大学学报》

2014 年第 2 期。

[39] 卢福营：《村民自治发展面临的矛盾与问题》，《天津社会科学》2009
年第 6 期。

[40] 赵秀玲：《新世纪以来中国乡村治理研究概观》，《江苏师范大学学报》
2015 年第 5 期。

[41] 刘同君：《新型城镇化进程中农村社会治理的法治转型》，《法学》
2013 年第 9 期。

[42] 胡红霞、包雯娟：《乡村振兴战略中的治理有效》，《重庆社会科学》
2018 年第 5 期。

[43] 叶兴庆：《新时代中国乡村振兴战略论纲》，《改革》2018 年第 1 期。

[44] 印子：《职业村干部群体与基层治理程式化——来自上海远郊农村的
田野经验》，《南京农业大学学报》（社会科学版）2017 年第 2 期。

[45] 杜姣：《村治主体的缺位与再造——以湖北省秭归县村落理事会为
例》，《中国农村观察》2017 年第 5 期。

[46] 王丽惠：《控制的自治：村级治理半行政化的形成机制与内在困
境——以城乡一体化为背景的问题讨论》，《中国农村观察》2015 年第 2 期。

[47] 吴理财：《中国农村社会治理 40 年：从"乡政村治"到"村社协
同"——湖北的表述》，《华中师范大学学报》（人文社会科学版）2018 年第
4 期。

[48] 景跃进：《中国农村基层治理的逻辑转换——国家与乡村社会关系的
再思考》，《治理研究》2018 年第 1 期。

[49] 李勇华：《乡村治理与村民自治的双重转型》，《浙江社会科学》2015
年第 12 期。

[50] 刘伟：《村民自治的运行难题与重构路径——基于一项全国性访谈的
初步探讨》，《江汉论坛》2015 年第 2 期。

[51] 李华胤：《走向治理有效：农村基层建制单元的重组逻辑及取向——
基于当前农村"重组浪潮"的比较分析》，《东南学术》2019 年第 4 期。

[52] 唐鸣、陈荣卓：《论探索不同情况下村民自治的有效实现形式》，《当
代世界社会主义问题》2014 年第 2 期。

[53] 陈明：《村民自治："单元下沉"抑或"单元上移"》，《探索与争鸣》

2014 年第 12 期。

［54］韩瑞波：《"片区自治"：村民自治有效实现形式的新探索》，《探索》2020 年第 1 期。

［55］李祖佩、杜姣：《分配型协商民主："项目进村"中村级民主的实践逻辑及其解释》，《中国行政管理》2018 年第 3 期。

［56］徐勇、赵德健：《找回自治：对村民自治有效实现形式的探索》，《华中师范大学学报》（人文社会科学版）2014 年第 4 期。

［57］白钢：《农村治理结构与治理方式存在的问题与对策》，《内部文稿》2000 年第 8 期。

［58］江国华、项坤：《从人治到法治——乡村治理模式之变革》，《江汉大学学报》（社会科学版）2007 年第 4 期。

［59］王增杰：《推进基层治理法治化的思考》，《中共山西省直机关党校学报》2015 年第 1 期。

［60］谢忠平：《基层治理法治化背景下基层党组织的功能调适与实现路径》，《中共福建省委党校学报》2015 年第 8 期。

［61］王杰秀、闫晓英、李玉玲：《宁海"36 条"：将村级小微权力关进制度笼子》，《中国民政》2015 年第 22 期。

［62］刘嫣：《新时代农村基层"小微权力"该如何监管——以湖北省沙洋县为例》，《学习月刊》2019 年第 2 期。

［63］罗雅婷：《乡村治理法治化问题研究》，《信阳农林学院学报》2018 年第 4 期。

［64］骆东平、汪燕：《从村规民约的嬗变看乡村社会治理的困境及路径选择——基于鄂西地区三个村庄的实证调研》，《湖北民族学院学报》（哲学社会科学版）2016 年第 2 期。

［65］姜裕富：《村规民约的效力：道德压制抑或法律威慑》，《青岛农业大学学报》（社会科学版）2010 年第 1 期。

［66］周铁涛：《村规民约的当代形态及其乡村治理功能》，《湖南农业大学学报》（社会科学版）2017 年第 1 期。

［67］陈学金：《历史视野中的当代村规民约与农村社区治理》，《原生态民族文化学刊》2019 年第 2 期。

［68］杨建华、赵佳维：《村规民约：农村社会整合的一种重要机制》，《宁夏社会科学》2005 年第 9 期。

［69］姚保松、周昊文：《乡村振兴视域下村规民约的困境及出路探析》，《学习论坛》2019 年第 3 期。

［70］吴理财：《改革开放以来农村社区文化的变迁》，《人民论坛》2011 年第 24 期。

［71］王俊英：《村规民约建设中存在的问题及对策分析》，《理论与改革》2000 年第 5 期。

［72］郎友兴：《对七十二年前山东一个村庄村规民约的简要述评》，《中国农村观察》2003 年第 2 期。

［73］谢秋红：《乡村治理视阈下村规民约的完善路径》，《探索》2014 年第 5 期。

［74］赵定东、杨婷婷：《村规民约建设推进乡村基层治理的探索——基于杭州市余杭区的实践分析》，《社会治理》2019 年第 12 期。

［75］姚保松、周昊文：《乡村振兴视域下村规民约的困境及出路探析》，《学习论坛》2019 年第 3 期。

［76］本刊课题组：《解码新时代"枫桥经验"》，《中国领导科学》2019 年第 6 期。

［77］毕朝辉、陈明星：《河南推进乡风文明建设的进展与对策》，《河南农业农村发展报告》（2018），社会科学文献出版社 2018 年版。

［78］李少惠、王苗：《农村公共文化服务供给社会化的模式构建》，《国家行政学院学报》2010 年第 2 期。

［79］疏仁华：《论农村公共文化供给的缺失与对策》，《中国行政管理》2007 年第 1 期。

［80］张良：《政府主导、社会参与、市场配置：农村公共文化服务体系建设的理想模式》，《理论与现代化》2012 年第 4 期。

［81］徐学庆：《补齐农村文化发展短板论略》，《中州学刊》2016 年第 12 期。

［82］赵语慧：《农村公共文化生活的困境与出路》，《中州学刊》2015 年第 9 期。

［83］杨超、王军强：《"扶贫扶志、志智双扶"在脱贫攻坚战中的重要作用》，《农村·农业·农民》2018年第3期。

［84］周立：《以"志智制立体扶贫"解决深度贫困》，《人民论坛·学术前沿》2018年第14期。

［85］陈明星：《精准扶贫的实践困境及对策建议》，《发展研究》2017年第6期。

［86］郑晓华、沈旗峰：《德治、法治与自治：基于社会建设的地方治理创新》，《马克思主义与现实》2015年第4期。

［87］胡洪彬：《乡镇社会治理中的"混合模式"：突破与局限——来自浙江桐乡的"三治合一"案例》，《浙江社会科学》2017年第12期。

［88］卢海燕：《论发展和完善地方治理体系——浙江省德清县"三治一体"的经验及其改进路径》，《中国行政管理》2017年第5期。

［89］姜玉欣、王忠武：《我国乡村治理的趋势、问题及其破解路径》，《理论学刊》2016年第6期。

［90］刘金海：《乡村治理模式的发展与创新》，《中国农村观察》2016年第6期。

［91］杜鹏：《村民自治的转型动力与治理机制——以成都"村民议事会"为例》，《中州学刊》2016年第2期。

［92］唐兴霖、马骏：《中国农村政治民主发展的前景及困难：制度角度的分析》，《政治学研究》1999年第1期。

［93］范和生、李三辉：《论乡村基层社会治理的主要问题》，《广西社会科学》2015年第1期。

［94］李三辉：《自治、法治、德治：乡村治理体系构建的三重维度》，《中共郑州市委党校学报》2018年第4期。

［95］李三辉：《乡村治理中"小微权力"的规范及其主要问题——基于河南的实践审视》，《江苏第二师范学院学报》2019年第2期。

［96］王世谊：《基层党组织执政效益及其评价体系研究》，《社会科学》2005年第12期。

［97］黄亦君：《改革开放以来基层党组织建设的历程与经验启示》，《学习论坛》2018年第11期。

［98］张书林：《新时代基层党建创新：困境与路向》，《理论探讨》2018 年第 1 期。

［99］方世南、尤西虎：《提高新时代党的建设质量研究》，《中国特色社会主义研究》2018 年第 1 期。

［100］李达、赵秋苑：《以治理创新推动乡村社会发展》，《山东行政学院学报》2018 年第 3 期。

［101］刘亚玲：《乡村振兴视角下乡村治理问题研究》，《新西部》2018 年第 12 期。

［102］任路：《乡村凋敝？十三种模式探路乡村"新治理"》，《半月谈》2017 年第 23 期。

［103］周根才：《走向软治理：基层政府治理能力建构的路向》，《青海社会科学》2014 年第 9 期。

［104］刘祖云、孔德斌：《乡村软治理：一个新的学术命题》，《华中师范大学学报》（人文社会科学版）2013 年第 5 期。

［105］宋菊芳、韩志磊：《协商民主与基层社会治理》，《中国政协理论研究》2018 年第 2 期。

［106］刘奇、刘见君：《农村"非正规制度"现象透视》，《理论与改革》2013 年第 9 期。

［107］夏志强、谭毅：《"治理下乡"：关于我国乡镇治理现代化的思考》，《上海行政学院学报》2018 年第 3 期。

［108］范瑞光：《乡村治理现代化的困境及对策分析》，《理论观察》2016 年第 8 期。

［109］杨军剑：《城镇化进程中乡村社会治理创新研究》，《信访与社会矛盾问题研究》2016 年第 7 期。

［110］肖立辉：《乡村治理现代化的由来与出路》，《观察与思考》2015 年第 2 期。

［111］俞可平：《中国的治理改革（1978 - 2018）》，《武汉大学学报》（哲学社会科学版）2018 年第 3 期。

［112］狄英娜：《"街乡吹哨、部门报到"——强化党建引领基层治理 促进城市精细化管理的北京实践》，《红旗文稿》2018 年第 23 期。

[113] 王浦劬：《政府向社会力量购买公共服务的改革机理分析》，《北京大学学报》（哲学社会科学版）2015 年第 4 期。

[114] 张清、武艳：《包容性法治框架下的社会组织治理》，《中国社会科学》2018 年第 6 期。

[115] 黄意武：《以基层党建工作创新引领城乡社区协商发展》，《中州学刊》2018 年第 9 期。

[116] 张国献：《论人口流动背景下的乡村协商治理》，《中州学刊》2016 年第 2 期。

四、报纸类

[1]《中共中央　国务院关于实施乡村振兴战略的意见》，《人民日报》2018 年 2 月 5 日。

[2]《中共中央　国务院关于打赢脱贫攻坚战三年行动的指导意见》，《人民日报》2018 年 8 月 20 日。

[3]《中共中央　国务院关于坚持农业农村优先发展做好"三农"工作的若干意见》，《人民日报》2019 年 2 月 20 日。

[4]《中共中央　国务院关于推进社会主义新农村建设的若干意见》，《人民日报》2006 年 2 月 22 日。

[5] 中共中央办公厅、国务院办公厅：《关于加快构建现代公共文化服务体系的意见》，《人民日报》2015 年 1 月 15 日。

[6] 中共中央办公厅、国务院办公厅：《关于加强社会治安防控体系建设的意见》，《人民日报》2015 年 4 月 14 日。

[7] 民政部：《关于进一步建立健全村务公开制度深化农村村民自治工作的通知》，《人民日报》1997 年 8 月 5 日。

[8] 中共河南省委、河南省人民政府：《关于推进乡村振兴战略的实施意见》，《河南日报》2018 年 3 月 28 日。

[9] 谢伏瞻：《精准发力　再接再厉　坚决打赢脱贫攻坚这场硬仗》，《河南日报》2017 年 10 月 16 日。

[10] 中共浙江省委办公厅、浙江省人民政府办公厅：《关于加强城乡社区协商的实施意见》，《浙江日报》2017 年 2 月 27 日。

［11］高尚全：《全面建成小康社会需补齐农村短板》，《人民日报》2015 年 11 月 9 日。

［12］魏礼群：《坚定不移推进社会治理现代化》，《光明日报》2019 年 9 月 9 日。

［13］刘坤：《我国城乡融合发展进入新阶段》，《光明日报》2019 年 5 月 30 日。

［14］李小新：《全面提升基层党组织组织力》，《光明日报》2017 年 11 月 27 日。

［15］本报评论员：《新时代党的农村基层组织工作的基本遵循》，《人民日报》2019 年 1 月 11 日。

［16］潘俊强等：《基层党组织　这样强起来》，《人民日报》2018 年 5 月 29 日。

［17］俞可平：《国家治理现代化的若干问题》，《福建日报》2014 年 6 月 8 日。

［18］陈荣文：《健全自治、法治、德治相结合的乡村治理体系》，《福建日报》2017 年 11 月 27 日。

［19］王孝成：《健全"三治结合"乡村治理体系》，《学习时报》2018 年 1 月 17 日。

［20］沈大友、董敬畏：《发挥好村规民约在乡村治理中的作用》，《学习时报》2018 年 1 月 2 日。

［21］陈东辉：《以基层党建引领新时代乡村治理》，《农民日报》2019 年 11 月 11 日。

［22］胡光辉：《扶贫先扶志　扶贫必扶智——谈谈如何深入推进脱贫攻坚工作》，《人民日报》2017 年 1 月 23 日。

［23］于飞：《加强对农村邪教和非法宗教的治理》，《中国民族报》2019 年 3 月 5 日。

［24］曹学霖：《坚持问题导向　切实做好农村宗教工作》，《中国民族报》2018 年 3 月 1 日。

［25］河南金融扶贫专题调研组：《金融扶贫"卢氏模式"的调查与思考》，《河南日报》2017 年 11 月 16 日。

［26］省社科院《河南日报》"乡村振兴战略"课题组：《推进乡村五个振兴引领中原更加出彩——深入学习领会习近平总书记参加河南代表团审议时重要讲话精神》，《河南日报》2019 年 3 月 27 日。

［27］刘一宁、陈小平：《激活党组织的"神经末梢"——河南省"逐村观摩、整乡推进"活动工作综述》，《河南日报》2018 年 1 月 16 日。

五、学位论文类

［1］李元勋：《中国农村村民自治研究》，中共中央党校博士学位论文，2019 年。

［2］《中国共产党农村基层组织组织力研究》，中共中央党校博士学位论文，2019 年。

［3］辛棋：《新形势下党建引领农村善治研究》，中共中央党校博士学位论文，2018 年。

［4］李玉才：《现代村级权力监督体系的构建研究》，华中师范大学博士学位论文，2018 年。

［5］吴毅：《村治变迁中的权威与秩序》，华中师范大学博士学位论文，2002 年。

［6］时启龙：《城乡统筹背景下乡村治理问题分析》，中国海洋大学博士学位论文，2015 年。

［7］常婧：《基层党组织在协商治理中的功能与定位研究》，中共中央党校博士学位论文，2018 年。

［8］朱余斌：《建国以来乡村治理体制的演变与发展研究》，上海社会科学院博士学位论文，2017 年。

［9］程博弘：《中国农村基层协商民主研究》，长春理工大学硕士学位论文，2018 年。

［10］俞楠：《"文化认同"的政治建构：当代中国公共文化服务战略研究》，华东师范大学博士学位论文，2008 年。

［11］钟诚：《新时代乡村治理体系建设研究》，长春理工大学硕士学位论文，2019 年。

［12］孙君芳：《乡村自组织治理模式在新农村建设中的试行》，福建师范大

学硕士论文，2007 年。

　　［13］佟雪莹：《我国乡村治理现代化问题研究》，东北农业大学硕士学位论文，2017 年。

　　［14］郭雄超：《新时代中国农村基层协商民主制度化的困境与对策研究——以 R 镇 L 村的"四议两公开"为例》，西北农林科技大学硕士学位论文，2019 年。

　　［15］汤志强：《协同治理视野下的乡村治理研究》，陕西师范大学硕士学位论文，2015 年。

后　记

本书站在推进国家治理体系和治理能力现代化的大背景下，聚焦新时代乡村治理现代化若干问题，一方面是笔者对乡村振兴战略实施中乡村社会治理热点问题的理论思考，另一方面是对笔者近年来日常研究和工作实践的回顾总结。我是 2013 年 7 月从中央党校毕业后来到河南省社会科学院参加工作的。研究生读书期间，专业是政治学，方向是国际关系和中国外交，关注的都是属于高阶政治的宏大命题。来到河南社科院工作后，由于单位职能属性等原因，自己的研究领域和兴趣方向也发生了转移。特别是近几年工作岗位的调整和驻村扶贫的锻炼，对于河南这个农业大省的乡村治理问题有了更多的关注和深入的思考。

参加工作以来，我曾在河南社科院办公室所属的省情研究中心、《中州学刊》杂志社、政治与党建研究所等多部门锻炼，这些经历对我的研究方向和志趣都有深刻影响。比如在《中州学刊》做责任编辑期间，我曾负责"社会现象与社会问题研究"的社会学栏目，编发的重点文章选题就是基层社会治理特别是乡村治理问题。期间对于以"华中乡土派"为代表的乡村治理和"三农"问题研究产生兴趣，对于相关学者及其团队的文章风格和研究范式颇为仰慕，并在自己理论研究的过程中对乡村治理中的一些热点问题进行过零星的思考，主持过社会治理创新和农村公共文化建设等方面的多个省级课题，并在《学习时报》和《河南日报》发表了一系列理论文章。2016 年至 2017 年底，在国家深入实施精准扶贫战略的背景下，我服从上级安排参加省派第一书记驻村扶贫工作队，到豫北黄河滩区的一个省

级贫困村驻村扶贫工作近两年，实际接触和经历了基层乡镇和农村脱贫攻坚
中的一些日常性工作，对于农村基层党建、产业发展和社会治理、乡风文明
建设等具体性工作有了切身的体会和思考。驻村扶贫之余，也围绕着脱贫攻
坚实践中的一系列问题撰写了一些理论文章，发表在一些核心期刊和《农民
日报》等报纸上，有些还引起了一定的反响，并中标了这方面的软科学
课题。

2018年初，我结束驻村扶贫工作回到院政治与党建研究所，成为一名专业
的科研人员，对于乡村治理这一问题的研究有了更加集中的时间和条件保障。
在理论学习之余，有幸跟随领导和同事参加过一些县域的"十四五"发展规
划，特别是乡村治理体系规划编制工作，对于乡村治理的历程沿革、发展现
状、面临难题和政策走向有了更为系统的认识，对于新时代乡村治理的目标、
理念、主体、对象、方式、机制等方面问题进行了较多的思考。尤其是多次参
加基层乡村社会的调查研究工作，掌握了大量一手资料和典型案例信息，为摸
清现状问题和提出针对性建议提供了直接渠道。在此基础上，我围绕着基层党
组织建设质量问题发表了多篇理论文章，并中标了这方面的国家社科基金青年
项目。2020年是全面建成小康社会的收官之年和脱贫攻坚的决战决胜之年，
在坚持和加强党的全面领导的背景下，我深刻认识到新时代加强和改进乡村治
理工作必须坚持党建引领基层社会治理创新，构建自治法治德治相结合的乡村
治理体系。这个总体思路的确定，为书稿框架的布局和相关内容的撰写打下了
坚实的基础。

具体到本书的结构来说，全书共分为七章，既有乡村治理的历程演变、背景
意义、基本内涵、目标取向、指导原则等理论分析，又从党建引领、三治结合的
角度，分别从基层党建、村民自治、法治建设、乡风文明四个方面进行了概括总
结和具体论述，中间穿插着河南省相关地方的实践探索和典型案例。整个框架结
构主题鲜明、逻辑严密，虽然不是很规范和严谨，但也算是一个青年学者对于这
一问题的初步探索和思考总结。

书稿撰写过程中借鉴了国内学界的不少前期相关研究成果。书稿的框架设计
和文章内容撰写过程中吸收了河南省社会科学院刘道兴、闫德民、万银锋、陈明
星、陈东辉等多位前辈和老师的精彩观点，得到了王元亮、刘辉、李三辉、彭俊
杰等同事的帮助，在此一并致谢。

由于时间仓促，水平有限，书稿难免有疏漏甚至谬误之处，文责自负，诚恳学界各位同人不吝批评指正，以便今后继续学习进步。

刘　刚

2020 年 8 月 17 日

于郑州